C.H.BECK WISSEN

Verehrt und skandalisiert, geheimnisumwittert und gefürchtet: Die amerikanische «Central Intelligence Agency» löst wie kein anderer Geheimdienst der Welt Emotionen aus – und ist selbst ein Produkt von Bedrohungsängsten. Als 1947 der Kalte Krieg gegen die Sowjetunion erklärt wurde, sollte die neue Behörde als Speerspitze den «Krieg anderer Art» siegreich beenden helfen. Bernd Stöver schildert, wie die CIA immer mehr Kompetenzen erhielt, die kaum kontrolliert wurden, aber auch vor illegalen Aktionen und «Dirty Tricks» nicht zurückschreckte: Morde, Drogenhandel, Geheimarmeen und nicht zuletzt die Überwachung der Amerikaner selbst waren die Folge. Ab 1970 wurde dies öffentlich bekannt. Die «Familienjuwelen-Affäre» stürzte den Dienst in eine jahrelange Krise. Doch nach dem 11. September 2001 wurden die Kompetenzen erneut über alles bisher Bekannte hinaus erweitert. Berichte über «gesteigerte Befragungen» und «Gezielte Tötungen» schockierten die Öffentlichkeit. Für die Demokratie stellt sich die Frage: Wie nützlich oder schädlich ist das für die Zivilgesellschaft? Da die CIA weltweit tätig ist, betrifft sie nicht nur die USA.

Bernd Stöver, geb. 1961, lehrt nach Stationen in Bielefeld und Washington D. C. als Professor Neuere Geschichte mit Schwerpunkt Globalgeschichte an der Universität Potsdam. Bei C.H.Beck erschienen von ihm u. a. «Der Kalte Krieg» (4. Auflage 2012), «United States of America. Geschichte und Kultur» (2. Auflage 2013), «Geschichte des Koreakriegs» (3. Auflage 2015) und zuletzt «Geschichte Kambodschas» (2015).

Bernd Stöver

CIA

Geschichte, Organisation, Skandale

Verlag C.H.Beck

Mit 3 Tabellen und einer Grafik

Originalausgabe

Satz, Druck u. Bindung: Druckerei C.H.Beck, Nördlingen
Umschlaggestaltung: Uwe Göbel, München
Umschlagabbildung: Das CIA-Emblem in der Lobby
des ursprünglichen CIA-Hauptquartiers in Langley, Virginia,
Foto vom 3. März 2005, © picture alliance/dpa
Printed in Germany
ISBN 978 3 406 70410 9

www.chbeck.de

Inhalt

Mythos CIA

Wohl kaum ein anderer Geheimdienst ist so geheimnisumwittert und gleichzeitig so populär, so verehrt und gleichzeitig so angefeindet wie die 1947 gegründete Central Intelligence Agency, die CIA. Die Gründe dafür sind vielfältig. Die «Agency», die auch als «Company», «Other Governmental Agency» (OGA), «KUBARK», «Mother K.» oder schlicht als «Langley» – nach ihrem heutigen Hauptquartier in Virginia – bekannt ist, wurde einerseits zum zentralen Gegenspieler des sowjetischen «Hauptfeinds» KGB im Kalten Krieg und entsprechend prominent. Andererseits hat sie gezielt ihr Image mit Büchern, Broschüren, Internetauftritten und nicht zuletzt in ihrem «Exhibit Center» in Langley selbst gestaltet.

Am wirksamsten waren wohl die eigenen verdeckten Kampagnen in Zeitungen, Romanen und Filmen. Bereits 1952 setzten Graham Greenes Roman *The Quiet American* und der 1958 folgende Film mit dem Protagonisten Alden Pyle als brillantem (Ostküsten-)Intellektuellen der jungen Agency zum ersten Mal ein markantes öffentliches Denkmal. Immer wieder verkörperten gerade Publikumslieblinge CIA-Agenten. Sie spielten allerdings nach den Anfang der Siebzigerjahre aufgedeckten kriminellen Verfehlungen der CIA auch ambivalente Charaktere. Die Protagonisten waren jetzt auch naiv-integre Persönlichkeiten, die sich in einer undurchschaubar-negativen Institution wiederfanden: Robert Redford in *Three Days of the Condor* (1975) und Jahrzehnte später in *Spy Game* (2001), Harrison Ford in *Clear and Present Danger* (dt. *Das Kartell*, 1994), Mel Gibson in *Conspiracy Theory* (dt. *Fletchers Visionen*, 1997), Matt Damon in der nach den Romanen von Robert Ludlum produzierten Filmserie um den Agenten Jason Bourne (ab 2002) oder George Clooney in dem auf Aussagen des ehemaligen CIA-Agenten Robert Baer basierenden Politthriller *Syriana* (2005).

Ebenso wenig erfreut war man in Langley über Filme wie *JFK* (1991) oder *Kill the Messenger* (2014), die sogar Mittäterschaften am Tod Kennedys 1963 und des Journalisten Gary Webb 2004 unterstellten, der in den Neunzigern umfangreiche Drogengeschäfte der CIA aufgedeckt hatte. Ein Coup in der positiven Imagepflege gelang Langley aber mit der ab 2011 gestarteten US-Serie *Homeland*.

Der Mythos lebte jedoch immer auch von der Kritik, gerade weil die Weltöffentlichkeit, einschließlich vieler US-Bürger, der CIA schließlich fast alles zutraute. Gerade im Ostblock pflegten populäre Autoren über Jahrzehnte das Bild eines allmächtigen Geheimdienstes, und auch deswegen galt in vielen Entwicklungsländern die CIA als Universalfeind. In den USA wurde die Kritik nach «9/11», den terroristischen Anschlägen vom 11. September 2001, noch einmal besonders stark, weil es der CIA erneut nicht gelungen war, einen Angriff zu verhindern.

Die Agency büßte aber auch danach – anders, als viele glauben –, nicht wirklich Macht und erst recht nicht ihren Nimbus ein. Zwar ist der Director of Central Intelligence (DCI), der bis 2004 auch Koordinator aller Mitglieder der amerikanischen Intelligence Community (IC) war, heute nur noch Chef der CIA (D/CIA) und sogar dem Director of National Intelligence (DNI) unterstellt. Schaut man aber genauer hin, sind die Kompetenzen Langleys sogar gewachsen.

Formal ist die CIA heute nur noch eines von 17 Mitgliedern der IC. Zu dieser zählen auch die National Security Agency (NSA), das National Reconnaissance Office (NRO), die National Geospatial-Intelligence und die Defense Intelligence Agency (DIA), das Bureau of Intelligence and Research im State Department, die Nachrichtenabteilungen der fünf Teilstreitkräfte (Department of the Army, Department of the Air Force, Department of the Navy, U.S. Coast Guard, U.S. Marine Corps), das Federal Bureau of Investigation (FBI), die Drug Enforcement Administration (DEA), die Departments of Energy, Treasury und Homeland Security sowie die Geheimdienste der Unified Commands. Da viele Mitglieder der IC mehrere Dienste unterhalten, versammeln sich in ihr heute Dutzende Nachrichtendienste.

Die meisten sind dem Verteidigungsministerium, dem großen Konkurrenten der CIA, zugeordnet. Das Pentagon erhält deswegen heute auch das Gros des IC-Gesamtbudgets, für das 2017 70,3 Mrd. Dollar vorgesehen sind (s. Tab. S. 19). Langley punktet dagegen bei den Beschäftigten. Von den über 100 000 Personen, die offiziell in der IC tätig sind, gehören heute rund 21 000, also etwa jeder Fünfte, zur CIA.[1] Dabei sind nicht einmal alle Beschäftigten erfasst. Der CIA erlaubt die Einbindung in die IC vor allem die Kooperation mit anderen Diensten, obwohl Konkurrenzen weiter bestehen. Auf bestimmten Gebieten, so im Drohnenkrieg, ist Langley allerdings weitgehend autonom.

Die Historische Forschung hat außer über Skandale und Kriminalfälle vor allem durch Überläufer und Whistleblower neue Erkenntnisse über die Agency erhalten. Das war mehr, als das seit 1967 geltende Informationsfreiheitsgesetz, die in den Neunzigerjahren von der US-Regierung erzwungene liberalere Freigabepolitik und die seit 2000 öffentlich nutzbare CIA-Datenbank CREST erreichen konnten. Wie bei einem Geheimdienst üblich, bleiben trotzdem viele Fragen offen. Das betrifft nicht nur die wirkliche Größe der Agency oder die Einzelheiten vieler Operationen. Unbekannt sind nicht zuletzt die «Kollateralschäden»: Welche Opfer gab es, welche Morde wurden begangen, welche Selbstmorde inszeniert, welche Biographien behindert oder zerstört? Für die Demokratie stellt sich prinzipiell die Frage: Wie nützlich oder schädlich sind die immer weiter ausgedehnten Kompetenzen der Geheimdienste und anderer Sicherheitsbehörden für die Zivilgesellschaft? Da die CIA weltweit tätig ist, betrifft dies nicht nur die USA.

I. Gründung 1947

Ein Produkt des Kalten Krieges

Die CIA war eines der ersten Ergebnisse, das die Umstellung der USA auf den Kalten Krieg mit sich brachte. Der Konflikt zwischen den ungleichen Verbündeten, USA und Sowjetunion, hatte sich bereits im Zweiten Weltkrieg abgezeichnet und brach öffentlich aus, als der gemeinsame Nenner, der Kampf gegen die Achsenmächte, 1945 wegfiel. Seitdem bereiteten sich beide Seiten intensiv auf den kommenden Konflikt vor. Die heftigen Kontroversen in der noch bis Anfang 1947 tagenden gemeinsamen amerikanisch-sowjetischen Arbeitsgruppe der UNO zur Atombombe inspirierten damals den amerikanischen Journalisten Herbert Swope zur Wortschöpfung «Cold War» – «Kalter Krieg».

Die quasi-offizielle Kriegserklärung zum Kalten Krieg als globalem Konflikt zwischen dem kommunistischen Modell der staatssozialistischen «Volksdemokratie» auf der einen und dem westlichen Modell der liberalkapitalistischen parlamentarischen Demokratie auf der anderen Seite folgte am 12. März 1947 mit der amerikanischen «Truman-Doktrin» und der im September verkündeten sowjetischen «Zwei-Lager-Theorie». Von dem 1917 begonnenen, ideologisch begründeten Ost-West-Konflikt unterschied den Kalten Krieg vor allem die Erfindung der Atombombe, die die USA 1945 und die UdSSR vier Jahre später besaßen. Die Nuklearwaffen stellten aber auch generell infrage, Probleme durch einen Krieg zu lösen. Daher entwickelte sich der Kalte Krieg schrittweise zu einem weltweiten «Nicht-Frieden», in dem mit Ausnahme «der Bombe» alles eingesetzt wurde, was zur Verfügung stand. Im Rückblick wurde dieser Nicht-Frieden zu einer umfassenden politisch-ideologischen, ökonomischen, technologisch-wissenschaftlichen und kulturell-sozialen Auseinandersetzung, die ihre Auswirkungen bis in den

Alltag zeigte und bei der beide «Supermächte» glaubten, dass es um Sieg oder Untergang gehe. Unter den zahlreichen weiteren Mitspielern im Kalten Krieg galt insbesondere die Bewegung der Blockfreien als schwer berechenbar.

Den Geheimdiensten kam in dem Konflikt eine niemals zuvor erreichte Bedeutung zu. In die allgemeine Umorganisation fiel deswegen mit dem am 18. September 1947 in Kraft getretenen National Security-Gesetz die Gründung der CIA und des für die Beratung des Präsidenten in Fragen der Nationalen Sicherheit zuständigen National Security Council (NSC). Dessen Direktiven wurden für die CIA bindend und zum Teil für Jahrzehnte gültig. Dazu gehörten die Anweisung NSC 4/A (Dez. 1947), mit der die Agency in die Psychologische Kriegsführung und den Propagandakrieg gegen den Kommunismus eingebunden wurde, NSC 10/2 und 10/5 (Juni 1948/Okt. 1951), die die Verdeckte Kriegsführung (Covert Activities) definierten, NSC 158 (Juni 1953), mit der grundsätzlich der strategische Schwerpunkt auf die Verschärfung der innenpolitischen Probleme der kommunistischen Staaten gelegt wurde, und NSC 5412 (März 1954), die faktisch den «totalen» Geheimdienstkrieg gegen den Kommunismus verkündete. In den Achtzigerjahren, dem letzten Jahrzehnt des Kalten Krieges, kam ihnen in aktualisierter Form noch einmal besondere Bedeutung zu.

Debatten

Die Gründung der CIA blieb umstritten. Zwar hatte noch Präsident Roosevelt William «Wild Bill» Donovan, dem Chef des Office of Strategic Services (OSS), das 1942 nach Vorbild des britischen und der Special Operations Executive (SOE) für die Dauer des Krieges eingerichtet wurde, einen «zentralen Geheimdienst» nach Kriegsende in Aussicht gestellt, was auch der im September 1945 vorgelegte *Eberstadt Report* empfahl. Sein Nachfolger Truman hielt allerdings das OSS bereits für überflüssig und löste es mit Wirkung vom 1. Oktober 1945 durch die Executive Order (EO) 9621 auf. Die Aufgaben wurden dem im Außenministerium untergebrachten Interim Research and

Intelligence Service (IRIS) übertragen. Die Kernaufgaben, einschließlich Spionageabwehr und «Covert Action», übernahm das Pentagon.

Eine Zeitlang entspann sich sogar noch eine Debatte, ob ein Geheimdienst für eine Demokratie überhaupt statthaft sei. Sie verebbte allerdings rasch angesichts des rapide anwachsenden Bedrohungsgefühls, obwohl Kompetenzstreitigkeiten anhielten. Schon das OSS war als ein übergeordneter, unabhängiger Geheimdienst geplant worden, der durch seine Arbeit den Vereinigten Stabschefs (JCS) und dem Präsidenten militärische Entscheidungshilfen liefern sollte. Die Zentralisierung war letztlich gescheitert, weil sowohl die Armee und die Marine als auch das FBI, das damals noch ein eigenes Agentennetz in Lateinamerika unterhielt, sich weigerten, Befugnisse abzugeben.

Während die Teilstreitkräfte ihre Dienste behalten konnten, verlor das FBI mit der Gründung der CIA seinen 1940 gegründeten Special Intelligence Service. Trumans Argument für die Trennung von Inlands- und Auslandsgeheimdienst war vor allem ein politisches: Es sollte keine «amerikanische Gestapo» geben.[2] Zahlreiche FBI-Mitarbeiter, wie William King Harvey, der später maßgeblich am Bau des berühmten «Berliner Tunnels» beteiligt war und den John F. Kennedy für «America's James Bond» hielt,[3] oder Joseph Caldwell «J. C.» King, der dann erste CIA-Chef für Geheimoperationen in der «Western Hemisphere», wechselten zur Agency, während der gekränkte FBI-Chef, J. Edgar Hoover, anordnete, die Akten des Special Intelligence Service zu vernichten. Verlorengegangene Informationen versuchte die CIA unter anderem mit politisch belastetem Personal aus dem Dritten Reich wieder zu beschaffen. Die Teilentmachtung Hoovers, der wohl gehofft hatte, selbst die Leitung eines zentralen Geheimdienstes zu übernehmen, führte bis zu dessen Tod 1972 zu ständigen Spannungen mit der Agency, die die Kooperation teilweise massiv behinderten. Erst 1987 wurde mit William H. Webster zum ersten Mal ein amtierender FBI-Direktor zum DCI ernannt.

Die Debatten endeten nicht mit der Gründung der CIA. Eine Hoover Commission tagte 1947, zwei Jahre später folgte der sogenannte *Dulles-Jackson-Correa Report*, 1953 eine zweite Hoover Commission. Bis zum großen Paukenschlag der *Rockefeller-* und *Church Reports* 1975/76, denen zeitweilige Einschränkungen der CIA-Befugnisse folgten, wurden unter anderem mit dem *Doolittle-* (1954), *Bruce-Lovett-* (1956), *Taylor-Rostow* (1961), *Kirkpatrick-* (1961) und *Schlesinger Report* (1971) zahlreiche weitere Reformvorschläge vorgelegt, um die CIA effektiver und kontrollierbarer zu machen. Wie wenig sie bewirkten, zeigten 1987 der *Iran-Contra Investigation Report*, 1992 die *Intelligence Reform Proposals*, 2001 die U.S. Commission on National Security/21st Century, 2004 der *9/11 Commission Report* sowie 2005 die Weapons of Mass Destruction Commission. Den restriktiven Executive Orders von Gerald Ford (EO 11905/1976) und Jimmy Carter (EO 12036/1978, Intelligence Surveillance Act) schlossen sich allerdings erneut Liberalisierungen durch Reagan (u.a. EO 12333, 1981) und Bush (Patriot Act, 2001; Intelligence Reform and Terrorism Prevention Act, 2004; Protect America Act, 2007) an.

Ein «zentraler Geheimdienst» entsteht

Die im Januar 1946 mit einer angegliederten Central Intelligence Group (CIG) gebildete National Intelligence Authority war noch dem Außenministerium unterstellt, was aber mit der gleichzeitig geschaffenen Position eines nur dem Präsidenten verantwortlichen DCI sein Ende fand. Zum ersten CIA-Direktor ernannte Truman Sidney Souers (Jan. – Juni 1946). Bis zum offiziellen Inkrafttreten des National Security-Gesetzes 1947 folgten Hoyt Vandenberg (Juni 1946 – Mai 1947) und Roscoe H. Hillenkoetter (Mai 1947 – Okt. 1950). Unter Vandenbergs Leitung gelang es der CIG bereits, wichtige Zuständigkeiten vom Pentagon zu übernehmen. Das neu gegründete Office of Special Operations (OSO) wurde für die Auslandsspionage zuständig. Die Erweiterungen erzeugten allerdings neue Konflikte, spätestens, als die CIA 1948 mit dem State Department das Office of Policy Coordination (OPC) gründete. Dessen ungeachtet wurden OSO und OPC 1951/52 in der CIA-Direktion für Planung zusammengelegt, womit der «Clandestine Service» (CS) als erste zentrale CIA-Einheit für Geheimoperationen entstand.

Mit dem Inkrafttreten des National Security-Gesetzes im September 1947 erhielt die CIA ihre Hauptaufträge: regelmäßige Lageberichte und allgemeine Geheimdienstaufgaben. Letztere sollten ihr vom Präsidenten und vom NSC jeweils gesondert übertragen werden. Da bestimmte Informationen auch an den Kongress und andere staatliche Stellen gingen, wurden die besonderen Aufgaben, so etwa Verdeckte Operationen, in einem kleineren NSC-Gremium beraten. Unter Präsident Eisenhower hieß es ab 1954 «5412 Committee», unter Kennedy seit 1961 «NSC Council Staff», unter Johnson ab 1964 «303 Committee» und unter Nixon «40 Committee». Unter der Präsidentschaft Fords wurde es 1976 zur «Operations Advisory Group», unter Carter zum «NSC Special Coordination Committee», und ab 1981 hieß es unter Reagan «National Security Planning Group». Nach dem geheimdienstlichen Desaster des «9/11» wurde dafür ein «Special Intelligence Office» eingerichtet.

Hektik und Unsicherheiten in der Planung führten dazu, dass der CIA zunächst keine angemessene Bleibe angeboten werden konnte. Die Mitarbeiter wurden auf verschiedene Gebäude verteilt. Im alten Regierungsviertel Washingtons, Foggy Bottom, standen zunächst die alten Büros des aufgelösten OSS in der E Street zur Verfügung, der berüchtigten «Cockroach Alley». Erst 1953 konnte der DCI Allen Dulles einen Neubau in Langley in Virginia (Fairfax County, 1000 Colonial Farm Road, McLean) durchsetzen, in den 1961 die ersten Mitarbeiter einzogen. Der sechsstöckige, heute im Vergleich zu anderen zentralen US-Institutionen eher unscheinbare Gebäudekomplex trägt seit dem Intelligence Authorization Act 1999 den Namen «George Bush Center for Intelligence», wenngleich der Namensgeber 1976/77 nur sehr kurz als DCI amtierte. Endgültig «fertig» ist Langley bis heute nicht. Infolge ständig neuer Aufgaben und Sicherheitsanforderungen wird das Hauptquartier kontinuierlich erweitert.

Auch im Ausland übernahm die CIA zunächst OSS-Standorte. Das Büro in Bern war schon 1945 Ausgangsbasis für die Geheimdienstarbeit in Deutschland, als in Wiesbaden-Biebrich die erste «Mission» entstand. Frankfurt am Main und Berlin-Dahlem wurden danach die Hauptstützpunkte. Ansonsten richtete sich die CIA in den regulären US-Botschaften und -Missionen ein, wo die CIA Station Chiefs (COS) bis heute gewöhnlich als Mitarbeiter des US-Außenministeriums auftreten.

2. «Langley» als Institution

Struktur und Leitung

Die CIA-Struktur änderte sich in siebzig Jahren angesichts neuer Herausforderungen ständig. Terrorabwehr, Cyberwar und Nonproliferation stehen heute im Vordergrund. Zentral blieb aber auch die Counterintelligence, die nicht zuletzt für die Abwehr von Verrätern innerhalb der Agency zuständig ist. Dafür wurde 2010 eine eigene Whistleblower Task Force eingerichtet. WikiLeaks ist bis heute ein wichtiges Ziel, auch wenn nur wenige Erfolge zu verzeichnen sind, wie das Bekanntwerden von hochgeheimen Papieren zeigte. Die *Gitmo Files* zum Lager Guantánamo kamen 2011 und der Bericht *Best Practices in Counterinsurgency* zu den Gezielten Tötungen der CIA 2014 in die Öffentlichkeit. Prominente Whistleblower wie Edward Snowden oder Julian Assange ließen sich dadurch nicht aufhalten. Das machte nicht zuletzt deutlich, wie schwer es selbst einem immer perfekter ausgestatteten Geheimdienst fällt, das Internet, insbesondere das Darknet, effektiv zu überwachen, ganz zu schweigen von Spielekonsolen, über die sich die islamistischen Attentäter, die 2015 Bomben in Paris zündeten, absprachen.

Gegenwärtig (2017) gliedert sich die CIA in fünf Hauptabteilungen (siehe vordere Umschlaginnenseite). Auf der Führungsebene («Offices of the Director») finden sich neben dem Leitungsbüro die Abteilungen für Personal und Anwerbung, für strategische Planungen, zur Auswertung öffentlicher Quellen und für «Public Affairs». Letztere produziert das 1962 zunächst als interne Information entstandene, ab 1971 öffentlich zugängliche und seit 1997 kostenlos im Internet erhältliche *World Factbook*, das wohl populärste CIA-Produkt. Wie politisch heikel die Leitung der Behörde ist, zeigt die bis auf wenige Ausnahmen kurze Dienstzeit der bis heute 25 Direktoren (siehe hintere Umschlaginnenseite).

Unterhalb der Leitungsebene finden sich heute die Direktionen «Intelligence», «National Clandestine Service», «Science and Technology» sowie eine Logistikabteilung. In der Direktion Intelligence (DI), hervorgegangen aus dem Office of Research and Reports (ORR), versammeln sich vor allem die Analyse- und Auswertungsabteilungen. Dazu gehören heute Arbeitsgruppen zur Erforschung des weltweiten Terrorismus, zur Abwehr des Drogen- und Waffenhandels, zur Spionage und Spionageabwehr sowie zu den Entwicklungen in den Weltregionen. Gegenwärtig sind dies: «Africa, Latin America & Global Issues», «East Asia and Pacific», «Iraq, Iran, Lebanon & Syria», «North Africa, Arabian Peninsula & Regional», «Russian and European» sowie «South Asia».

Das Herzstück operativer Arbeit ist der National Clandestine Service (NCS). Der NCS, der bis 2005 als Directorate of Operations (DO) und davor zwischen 1951 und 1973 als Directorate of Plans (DP) amtierte und in der Anfangszeit der CIA als «Elite Directorate» galt,[4] beherbergt unter anderem das Counterintelligence- und Counterterrorism Center. Letzteres ging aus dem 1986 unter Reagan eingerichteten Counterterrorist Center (CTC) hervor. Hier finden sich zudem die Counterproliferation Division zur Überwachung des weltweiten Waffenhandels und das Human Coordination Center zur Abstimmung von Agenteneinsätzen. Seit 2015 ist der NCS zudem um «Mission Centers» und ein Directorate of Digital Innovation zur Führung des Cyberwar und zur Überwachung von Sozialen Medien und Messenger-Diensten erweitert. Auch die Drohnenangriffe der Agency werden von hier gesteuert, und die durch illegale Entführungen berüchtigt gewordene Flugabteilung ist hier ebenfalls angesiedelt. Der NCS rekrutiert zudem die CIA Station Chiefs, denen die «Chiefs of Outposts» (COO) unterstehen.

Das zweite Herzstück geheimer operativer Arbeit der CIA, die Direktion Science and Technology (DS&T), ging aus dem 1948 gegründeten Office of Scientific Intelligence (OSI) und dem 1962 entstandenen Directorate of Research hervor. Zuständig ist sie vor allem für die technisch-wissenschaftliche Planung und Vorbereitung von Operationen. Dafür war bereits 1951 ein Technical Services Staff (TSS) eingerichtet worden, aus dem in den Siebzigerjahren die Technical Services Division (TSD) als Grundstock des heutigen Office of Technical Service (OTS) hervorging. Es findet sich heute neben dem Büro des Technical Intelligence Officer (TIO) und den Einheiten für «Technical Readiness» und «Technical Collection».

Für viele ist DS&T nach wie vor die eigentliche Zentrale der «Dirty Tricks», für die die CIA auch bekannt wurde. Ihre Abteilungen waren häufig in Zusammenarbeit mit privaten Firmen für innovative, aber auch moralisch fragwürdige Entwicklungen zuständig. Hier entstanden Spezialtinten, Minikameras, Drogen, Abhöranlagen («Bugs»), gefälschte Pässe und Spezialwaffen, aber auch bedeutende Großprojekte, die in der sagenumwitterten «Area 51» getestet wurden. Zu ihnen zählten die berühmten Aufklärungsflugzeuge U-2 und die SR-71 Blackbird. Auch die frühen Aufklärungssatelliten KEYHOLE und CORONA wurden mithilfe der Agency entwickelt.

DS&T war darüber hinaus für technische Sonderaufträge zuständig, wie die 1974 und erneut 1981 gescheiterte Bergung des gesunkenen sowjetischen U-Boots K-129 (Project AZORIAN/JENNIFER/IVY BELLS). In den Neunzigerjahren und nach «9/11» war DS&T auch an der Identifizierung von Attentätern beteiligt. Auf der kriminellen Seite der DS&T und seiner Vorgänger finden sich die in jeder Weise fragwürdigen medizinisch-psychologischen Experimente zur Bewusstseinskontrolle, die die CIA insbesondere seit dem Koreakrieg ausbaute und bis in die Siebzigerjahre unter Bezeichnungen wie ARTICHOKE und MKULTRA fortführte.

Rechtsgrundlagen, Selbstverständnis, Budget, Kontrolle

Das National Security-Gesetz, die NSC Intelligence Directives und weitere NSC-Anweisungen (vor allem 4/A und 10/2) gaben der CIA seit 1947/48 klare Aufträge und Grenzen vor: Auslandsspionage, einschließlich -abwehr, Verdeckte Operationen sowie Lageberichterstattung an den Präsidenten und das NSC. Diese erhielten ab 1950 die regelmäßig erscheinenden *National* und *Special Intelligence Estimates* (NIE/SNIE) sowie das *Current Intelligence Bulletin* (CIB, seit 1951), die landläufig so genannten *President's Daily Briefs* (PDB).

Die klar definierte Aufgabenstellung wurde allerdings schon 1949 vom Central Intelligence Act infrage gestellt. Seitdem konnte die CIA faktisch ohne Rechenschaft über ihr Budget, ihre Organisation und Mitarbeiter verfahren. Schwarzen Kassen und unkontrollierten Projekten waren jetzt Tür und Tor geöffnet. Dass auch andere Einschränkungen nicht wirkten, zeigte die Umgehung der Einwanderungsgesetze zur Rekrutierung von NS-Belasteten und Kriegsverbrechern unter dem Label der Nationalen Sicherheit.

Trotz vieler Skandale wurden die Spielräume der CIA kontinuierlich erweitert, vor allem, da über Jahrzehnte weder der Präsident noch der Kongress ernsthafte Kontrollen wünschten. Obwohl die CIA nach den Skandalen Mitte der Siebzigerjahre kurzzeitige Einschränkungen hinnehmen musste, schuf die 1981 von Präsident Ronald Reagan genehmigte EO 12333 sogar offiziell die bislang versperrte Möglichkeit, Informationen in den USA zu sammeln. Damit war faktisch auch die 1945/47 noch erwünschte Trennung von Inlands- und Auslandsgeheimdienst hinfällig. Diese Regelung blieb durch die EOs 13284 (2003), 13355 (2004) und 13470 (2008) bis heute in Kraft.

Der umfassende Auftrag bestimmt bis heute das Selbstverständnis. Der Kalte Krieg wurde auch und gerade in der CIA als «Krieg» und damit als Freibrief für den Einsatz (fast) aller Mittel begriffen. Diese Einstellung überdauerte selbst Skandale, Niederlagen und das Ende des Kalten Krieges, wie nicht zuletzt die Memoiren vieler Mitarbeiter deutlich machen. Dass man

Offizielles Budget der Intelligence Community

	National Intelligence Program (in Mrd. Dollar)		**Military Intelligence Program (in Mrd. Dollar)**	
Jahr	Beantragt	Genehmigt	Beantragt	Genehmigt
2013	52,7	49,0	19,2	18,6
2014	52,2	50,5	14,6	17,4
2015	50,4	50,3	16,6	16,5
2016	53,9	k. A.	17,9	k. A.
2017	53,5	k. A.	16,8	k. A.

Quellen: Office of the DNI; U.S. Intelligence Community Budget (www.dni.gov/index.php/intelligence-community); Federation of American Scientists (fas.org/irp/budget/index.html); Richelson [7]2016 (s. Anm. 1), S. 20.

sich in einem Krieg wähnte, illustrieren auch die Auszeichnungen, die die CIA verleiht. Als höchste gilt das Distinguished Intelligence Cross, verliehen für «Heldentum unter Gefahr» und die Exceptional Service Medallion, die jenen verliehen wird, die den Einsatz mit ihrem Leben bezahlten. Vierzig Namen verzeichnet heute das im CIA-Krisenjahr 1974 angelegte und im Eingangsbereich des Hauptquartiers in Langley an der «Memorial Wall» ausgestellte «Book of Honor». Zum 50-jährigen CIA-Jubiläum 1997 veröffentlichte man zudem die «Fifty CIA Trailblazers», also Pioniere, zu denen unter anderem der in den Fünfzigern amtierende DCI Allen Dulles und der damalige OPC-Chef Frank Wisner gehören.

Das Budget der CIA ist Teil des sogenannten National Intelligence Program (NIP) und gehört mit dem vom Pentagon verwalteten Military Intelligence Program (MIP) zum IC-Etat. Seit dem enormen Zuwachs nach den Anschlägen 2001 liegt das Volumen des NIP bei durchschnittlich etwa 51 Mrd., das des MIP bei 17 Mrd. Dollar im Jahr.

Wie die Summen gegenwärtig innerhalb der IC aufgeteilt werden, weiß man spätestens seit den Enthüllungen Edward Snowdens 2013. Für die CIA sind im NIP-Haushalt bis zu 30 Prozent der Gesamtsumme vorgesehen, tatsächlich sind es etwa 25 Prozent.[5] Die enorme Steigerung des Budgets zeigt sich, wenn man diese Zahlen mit dem CIA-Etat im und am Ende des Kalten

Offizielles CIA-Budget (in Mrd. Dollar)

2013	14,71
2014	12,11
2015	12,30
2016	12,63
2017	12,82

Quelle: www.statista.com

Krieges vergleicht. 1975 standen nur rund 750 Mio., 1989 nur rund drei Mrd. Dollar zur Verfügung.[6] Seit den Wistleblower-Enthüllungen kann man zudem belegen, dass Langley erhebliche Mittel aus dem MIP-Haushalt und aus Black Budgets zufließen. Die Summen lassen sich freilich nicht genau beziffern.

Die CIA kann so bis heute viel verschleiern, und von Beginn an gab es viele, die dies mittrugen. Die Vorsitzenden der Geheimdienstausschüsse und für Auswärtige Angelegenheiten waren in der Regel über fast alles informiert. Jahrzehntelang griffen sie allerdings aus Sorge um die Nationale Sicherheit oder aus Desinteresse häufig nicht ein. Schon deswegen musste das nach den großen Skandalen der Siebzigerjahre 1980 verabschiedete Intelligence Oversight-Gesetz scheitern, das versuchte, durch Sonderkomitees mehr Kontrollen durchzusetzen. Dies gelingt bis heute nicht, zumal mit den Anschlägen des «9/11» die Sorge um die Sicherheit der USA wieder anstieg und die innenpolitische Kritik an den Geheimdiensten zurückging. Außerhalb der USA nahmen die Klagen über die CIA allerdings kontinuierlich zu.

Spionage, Spionageabwehr, Covert Action

Die Arbeit der CIA basiert bis heute auf der «Intelligence Collection», der Auswertung öffentlicher (Open Source Collection, auch: OSINT) und nicht-öffentlicher (Clandestine Collection) Quellen. Unterschieden wird in den «Intelligence Disciplines» zudem zwischen der Sammlung mittels technischer Hilfsmittel (Technical collection; TECHINT) und dem Einsatz von Spionen

(Human Collection; HUMINT), wozu nicht zuletzt die besonders umstrittene Ausspähung über Liebes- und Familienbeziehungen zählt. Besonders verstärkt wurde nach «9/11» der gesamte Bereich der TECHINT, insbesondere die Communications Intelligence (COMINT). Sie wertet Funk- (SIGINT), Radarsignale (RADINT), elektronische Quellen (ELINT), Telemetrie (TELINT), Luftbild- und Satellitenaufnahmen (IMINT, auch: PHOTINT) sowie nukleare Strahlung (Nuclear Intelligence, NUCINT) aus. Verwendet werden aber auch alle sonstigen nachrichtendienstlich nützlichen «Emissionen» (MASINT). Die aus verschiedenen Nachrichtenquellen erschlossenen Informationen bezeichnet die CIA als ALL-SOURCE INTELLIGENCE. OSINT, HUMINT, SIGINT, IMINT und MASINT gelten in der gesamten IC heute als die fünf wichtigsten Geheimdienstdisziplinen.

Ein besonderer Bereich bleiben trotzdem die Covert Actions (auch: Covert- oder Special Activities/-Operations, Secret Intelligence). Darunter fallen alle besonders geheimhaltungsbedürftigen Verdeckten Aktivitäten. Der Übergang zu «offenen» Operationen blieb allerdings immer fließend. Was im engen Sinn dazu gehörte, definierten schon die NSC-Anweisungen 4/A, 10/2, 10/5 und 5412 aus den Jahren 1947 bis 1954. Die Anweisungen aus NSC 10/2 gingen sogar als die zentralen «Covert Mission Protocols» in die CIA-Geschichte ein. In letzter Konsequenz aber meint «covert» bis heute alles, was der US-Präsident öffentlich überzeugend abstreiten kann. Diese «Plausible Deniability»-Formel führt allerdings immer dann zu innen- und außenpolitischen Problemen, wenn ein solches Ereignis doch öffentlich bekannt wird, da der US-Präsident als «Chief Executive» verfassungsrechtlich immer die Verantwortung behält. Einzelne Präsidenten haben sich zu ihrer Verantwortung bekannt, so Eisenhower nach der CIA-Operation GRAND SLAM 1960, als Francis Gary Powers mit seinem U-2-Aufklärer über der UdSSR abgeschossen wurde.

Inhaltlich umfassten die Covert Actions nach den NSC-Definitionen vor allem sogenannte präventive Maßnahmen, zu denen Sabotage, Subversion und die Unterstützung von Widerstands-, Guerilla- und Flüchtlingsgruppen gehören, aber auch Wirtschaftskrieg und Propaganda. Man unterschied zwischen «präventiven Maßnahmen erster Ordnung», zu denen Spionage und Umsturzversuche gehören, und jenen «zweiter Ordnung», zu denen etwa Propaganda, aber auch illegale Kooperationen zählen. Verdeckte Operationen wurden in der CIA von Beginn an als so entscheidend angesehen, dass sie bereits in den ersten Jahrzehnten regelmäßig bis zu 65 Prozent des Jahresetats verschlangen.[7] Im internen Jargon kursierten Sabotageeinsätze unter «Bang and Burn», Erpressung als «Biographic Leverage» und als «Black-Bag» alles, was «unter dem Tisch» abgewickelt wurde. Dazu konnte nahezu alles gehören, bis hin zu Attentaten. Die Enthüllungen Edward Snowdens bestätigten, dass sich bis heute daran nichts geändert hat.

Wie viele CIA-Geheimoperationen es gab, ist nicht bekannt. Allein im Kalten Krieg zwischen 1947 und 1991 sollen es nach niedrigen Schätzungen etwa 900 gewesen sein.[8] Für sie war allerdings nicht nur die CIA zuständig. Wie weit die Absprache mit dem Weißen Haus ging, hing zudem vom Verhältnis zwischen dem jeweiligen DCI und dem Präsidenten ab. Es war ausgesprochen schlecht zwischen Roscoe H. Hillenkoetter, dem dritten, zwischen 1947 und 1950 amtierenden CIA-Direktor, dem Truman nicht vertraute, und besonders gut zwischen dem fünften DCI, Allen Dulles (1953–1961), und Eisenhower. Wie wichtig die vollständige Informiertheit des Präsidenten war, zeigte sich 1961, als Kennedy von Eisenhower die Planungen zur Invasion Kubas «erbte» und vom Geheimdienst gedrängt, aber wahrscheinlich nicht vollständig informiert die dann kläglich fehlgeschlagene «Befreiung» Kubas in der Schweinebucht anordnete – durch von der CIA ausgebildete kubanische Emigranten.

Zunächst wurde in der CIA das Directorate of Plans (ab 1954 u. a. Directorate of Operations) mit seinen Area- und Support Divisions sowie diversen Headquarter Staffs (Foreign Intelligence Staff, Counterintelligence Staff, Covert Action Staff, Evaluation, Plans and Design Staff) für die Verdeckten Operationen zuständig. Der Covert Action Staff war die Kernabteilung, die mit ihren «Area Divisions» die Einsätze plante. Der

Foreign Intelligence Staff überprüfte Quellen und der Counterintelligence Staff, ob zum Beispiel Überläufer eingesetzt werden konnten oder Gegenspionage drohte. Special Procedures Groups (SPG) wurden erstmalig 1947/48 im italienischen Wahlkampf eingesetzt, der zum CIA-Gründungsmythos wurde. Ebenso legendär war seit Juni 1948 das auf der Basis von NSC 10/2 gegründete OPC, das 1951/52 mit dem OSO zum «Clandestine Service» zusammenwuchs.

Anwerbung, Ausbildung, Einsatz

Die CIA begann 1947 mit einer bis heute unbekannten Anzahl von Mitarbeitern. Am Ende des Koreakriegs 1953 gab es schätzungsweise bereits 13 000 und 1961 rund 18 000 regulär Beschäftigte.[9] Am Ende des Kalten Krieges 1991 arbeiteten etwa 20 000 Personen für die Agency. Danach verringerte sich ihre Zahl um mehrere Tausend, bis sie nach den Terroranschlägen 2001 langsam wieder anstieg. Für 2013 ließ sich durch Edward Snowdens Enthüllungen belegen, dass offiziell 21 575 Mitarbeiter in Langley tätig waren. Bis heute (2017) soll diese Zahl fast unverändert sein.

Wen die CIA als Mitarbeiter anwarb, hing vom aktuellen Arbeitsschwerpunkt ab. Rekrutiert wurde schon unter Studierenden in den Universitäten, wie Philip Agee, der nach zwölf Jahren in der Agency mit seinem Ausscheiden 1969 zu einem der schärfsten Kritiker Langleys wurde, in seiner berühmt gewordenen Abrechnung *Inside the Company* 1975 zeigte. Elitäre Studentenverbindungen, so die Skull & Bones Society an der Yale University, wurden bevorzugt. Aus ihr stammten James Jesus Angleton, der 1954 ernannte Chef der Counterintelligence, William Putnam Bundy, der bis 1960 die National Intelligence Estimates für den Präsidenten verfasste, der lange für Ostmitteleuropa zuständige William Sloan Coffin, Richard Mervin Bissell, der in den Fünfzigern und Sechzigern für U-2-Einsätze ebenso verantwortlich war wie für Operationen auf Kuba, William F. Buckley, der Gründer der konservativen *National Review*, oder der seit 2013 amtierende demokratische

Außenminister John Kerry. Auch der spätere CIA-Chef und republikanische US-Präsident George H. W. Bush und sein Sohn, George W. Bush, waren «Bonesmen».

Je nach Arbeitsschwerpunkt werden bis heute unterschiedliche Nationalitäten und Fachrichtungen angeworben. Trotzdem blieb insbesondere die mangelnde Sprachkompetenz der CIA-Mitarbeiter ein kontinuierliches Thema, wie schon 1950 am Beginn des Koreakrieges schlaglichtartig sichtbar wurde. Wie hoch der Frauen- und Männeranteil ist, hält Langley ebenso wie die wirkliche Zahl seiner Mitarbeiter traditionell geheim. Unbestreitbar ist jedoch, dass sich die CIA lange als eine verschworene Gemeinschaft von elitären «Old Boys» verstand, in der Frauen als Sekretärinnen, «Covert Wives» (Civilian Assets) oder «Honey Traps» – Lockvögel – eine eher untergeordnete Rolle spielten.

Dabei waren Agentinnen schon in der Anfangszeit unverzichtbar, wie das Beispiel der in der CIA verehrten Virginia Hall (alias «Marie Monin», «Germaine», «Nicolas») zeigt, die bis 1966 in der Special Activities Division (SAD) eine bedeutende Rolle spielte. Zahlreiche Frauen gingen ebenfalls hohe Risiken für die CIA ein. Die DDR-Bürgerin Olga Raue spionierte neun Jahre für die Agency, bevor sie 1959 in Moskau inhaftiert und erst 1965 durch die Bundesrepublik Deutschland freigekauft wurde. Noch dreißig Jahre später war allerdings trotzdem nur rund ein Drittel der 64 Führungspositionen weiblich besetzt, wie Nora Slatkin, die damalige Nummer Drei der CIA, in einer Rede am 15. Mai 1996 beklagte.[10]

Frauen werden allerdings in allen Bereichen eingesetzt. Seit 2014 ist bekannt, dass sie sogar an Folterungen teilnahmen: Jene bislang anonyme Mitarbeiterin, die zum Team der Jagd auf Osama bin Laden gehörte, beteiligte sich auch an den Folterungen von Chalid Scheich Mohammed, dem berüchtigten Chefplaner des «9/11», und von Khaled al-Masri, einem unschuldig in die Hände der CIA gefallenen Deutschen, der erst 2003 freikam.

Für die Anwerbung von Mitarbeitern ist heute das HUMINT-Büro zuständig. Die Agency unterscheidet dabei unterschiedliche Funktionsträger: Officers (Beamte), Agents (Agenten), Ana-

CIA-Mitarbeiter 1947–2017: Schätzungen

1947	Unbekannt	1991	ca. 20 000
1953	ca. 13 000	1996	ca. 17 000
1961	ca. 18 000	2003	ca. 17 000
1976	ca. 16 500	2013	ca. 21 500
1981	ca. 16 500	2017	ca. 21 500

Quellen: Marchetti, V., CIA, München 1976; Chambers 1999 (s. Anm. 9); Richelson ^{1}1985 (s. Anm. 1), ^{4}1999 (s. Anm. 1), ^{7}2016 (s. Anm. 1); Business Week, 26.2.1996; Washington Post, 29.8.2013.

lysts und Analytic Methodologists (Analytiker), Professionals (Fachleute), Collectors (Dokumentare) und Examiners (Prüfer). Auch wenn Langley in der Werbung gerne den Satz «How to Become a CIA Agent» verwendet und die Website «www.cia-agentedu.org» heißt: Offiziell wird in der CIA zunächst unterschiedslos jeder, der bei ihr angestellt ist, als Officer bezeichnet. Erst die spezifischen Tätigkeiten differenzieren: als Political-, Military-, Economic- oder Targeting Analyst, als Security Professional, als Core Collector, Polygraph Examiner, Police Officer oder eben als Special Agent und -Investigator. Im Auslandsdienst, im eigentlichen Operationsgebiet, finden sich zudem Field- und Case- (Operations-) Officers. Eines der berühmtesten Field Offices wurde die «Berlin Operation Base» (BOB).

Angeworbene aus anderen Ländern, die Spionage in ihrem Heimatland oder einem Drittland betreiben sollen, bezeichnet die CIA allerdings grundsätzlich als «Agents»; etwa als «Agents of Influence» oder «Notional Agents». Für die Anwerbung von Agenten «der anderen Seite» gilt in der CIA wie allgemein in der IC noch heute der Grundsatz «MICE»: Money – Ideology – Compromise – Ego, d.h. sie sind mit Geld, politischen Überzeugungen, Erpressung oder Wertschätzung zu gewinnen. Darüber hinaus gab es immer wieder Überläufer. Zu einem der bekanntesten wurde der HVA-Offizier Werner Stiller, der 1979 mit Geheimunterlagen aus der DDR floh und von der CIA eine neue Identität erhielt. Obligatorisch blieb für alle Einsteiger – aber im Zweifelsfall auch für Altgediente – der Lügendetektor, der «Flutter Test». Zusätzlich gibt es nach wie vor «Mugbooks»:

Fotosammlungen zur Enttarnung feindlicher «Maulwürfe» und Doppelagenten.

Entsprechend der Verwendung unterscheidet die CIA in Overt und Covert/Undercover. Seit dem Intelligence Identities Protection-Gesetz 1982 gilt die vorsätzliche Enttarnung eines verdeckt tätigen CIA-Mitarbeiters in den USA als Straftat. Trotzdem gab es sie in der Vergangenheit immer wieder. Besonders berühmt wurde 1980 die Festnahme von David H. Barnett, der seit den Siebzigerjahren für die Sowjets CIA-Agenten enttarnt hatte. Er wurde zum ersten Field Officer der Agency, der wegen Spionage angeklagt wurde. Aufsehen erregte 2003 auch die Enttarnung von Valerie Plame, die wohl einer Intrige der Bush-Administration zum Opfer fiel, weil sie Fälschungen aufgedeckt hatte.

Die Voraussetzungen für eine CIA-Karriere sind nicht hoch. Bei Direkteinsteigern verlangt sie neben der amerikanischen Staatsbürgerschaft für den Inlandsdienst lediglich einen Bachelor-Abschluss mit der Durchschnittsnote 2,0 (GPA: 3,0). Ein Plus sind Fremdsprachenkenntnisse; zurzeit (2017) vor allem Arabisch, Kurdisch, Koreanisch, Farsi und Indonesisch. Deshalb bleibt die CIA auch für Ausländer, Flüchtlinge und Emigranten aus dem gegnerischen Machtbereich (Defectors/Émigrés) oder «Besucher» der USA (Visitors) bis heute offen und attraktiv.

Bei «Black Trainees» wurde schon in der Anfangszeit der CIA häufig nur auf die aktuelle Verwendbarkeit geschaut, wie bereits die 1948 gestartete Operation BLOODSTONE zeigte, die mit ihren Nachfolgern rund 15 000 Personen jenseits der Immigrationsgesetze in die USA holte.[11] Zu den damals Angeworbenen gehörten bevorzugt Antikommunisten, nicht zuletzt NS-Täter, die aus Europa flohen und von der CIA für Covert Activities hinter dem «Eisernen Vorhang», aber auch für Operationen in Lateinamerika und Kanada angeworben wurden. Seit 1991 versucht man, Islamisten anzuwerben. Zu einem wichtigen Informanten wurde der Däne Morten Storm, der später für sich beanspruchte, die Tötung des radikalen Al-Qaida-Predigers Anwar al-Awlaki 2011 durch einen US-Drohnenangriff mit vorbereitet zu haben.

Eine relativ neue Entwicklung ist das nach «9/11» begonnene «Outsourcing» von Teilen der Geheimdienstarbeit, wenngleich es «Freiberufler» – im CIA-Jargon «Stringers» genannt – auch vorher gab. Ziel war wie bei anderen US-Institutionen, Geld einzusparen, noch wichtiger aber, neue Wege zu erschließen. Wie der «CIA-Folterreport» 2014 deutlich machte, überließ Langley ab 2008 die Führung von 85 Prozent aller Verhöre privaten Vertragspartnern.[12]

Die reguläre geheimdienstliche Ausbildung der «CIA-Recruits» beginnt in Trainingsprogrammen (Career Trainee (CT), Junior Officer Trainee; JOT) und Spezialausbildungen, wobei die Agency auch hier Kooperationen nutzt. Nach der Ernennung zum Officer findet die weitere Ausbildung in Langley statt. Zukünftige Case Officers etwa, die im Ausland auf sich allein gestellt arbeiten sollen – als sogenannte Outside Men – müssen einen obligatorischen Operations Course («Ops Course») durchlaufen. Erst nach mehreren Jahren im Hauptquartier sind Auslandseinsätze vorgesehen. Der zwischen 1991 und 1993 als DCI und 2006 bis 2011 als Verteidigungsminister amtierende Robert Gates gilt bis heute als der Einzige, der die gesamte CIA-Hierarchie durchlaufen hat.

Spezielle CIA-Ausbildungsstätten existieren bereits seit 1950. Die ältesten noch heute genutzten sind die Harvey Point Defense Testing Activity und die Armed Forces Experimental Training Activity (AFETA). Letztere ist als «Boot Camp» bis heute auch unter den Namen «Camp Peary» (Deckname: ISOLATION) oder «The Farm» bekannt und berüchtigt. Seit 1955 gibt es zudem das Warrenton Training Center. Die neuesten Ausbildungseinrichtungen sind die Sherman Kent School for Intelligence Analysis (seit 2000), bekannt als «The Vault», die ein Teil der 2003 eröffneten CIA-Universität (CIAU) ist. Auch außerhalb der USA befinden sich Ausbildungsstätten. Die bekannteste ist wohl die 1946 als Trainingsanlage für Verdeckte Operationen in Lateinamerika eingerichtete School of the Americas (SOA), die sich bis 1984 in der Kanalzone Panamas befand und mittlerweile im US-Bundesstaat Georgia angesiedelt ist.

Kooperationen

Die CIA arbeitete von Beginn an grundsätzlich mit allen zusammen, die für ihren Auftrag innerhalb und außerhalb der IC als nützlich erschienen. Im Zweifelsfall gründete sie entsprechende Organisationen selbst. Dabei stellte sich die Kooperation auf technischem Gebiet aufgrund der wachsenden Komplexität und des gigantischen finanziellen Aufwands als besonders entscheidend heraus. Gleichzeitig wurde die Kooperation aber auch eine der größten Schwachstellen, da mit der Zahl der Beteiligten die Gefahr des Geheimnisverrats stieg, wie zuletzt die Veröffentlichungen von WikiLeaks und Edward Snowden zeigten.

Bei der Nutzung von Spionagesatelliten blieb die CIA insbesondere auf das NRO angewiesen. In der weiteren elektronischen Aufklärung, insbesondere der Überwachung von Internet und Telefonen, arbeitet man mehr denn je mit der NSA in Fort Meade zusammen. Mit ihr unterhält Langley den Special Collections Service (SCS), der global über die US-Vertretungen mit dem Programm STATEROOM arbeitet. Die Kooperation mit Fort Meade ermöglichte zudem den Zugriff auf andere NSA-Aufklärungs- und Überwachungsprogramme, wie ECHELON, PRISM, DISHFIRE, PINWALE, BULLRUN, BOUNDLESSINFORMANT, MYSTIC oder FAIRVIEW, die zum Teil bis heute aktiv sind.

Seit der unter Präsident Clinton amtierende CIA-Direktor James Woolsey 2000 öffentlich einräumte, dass ECHELON auch der Wirtschaftsspionage, selbst in befreundeten Staaten, dient, ist zudem belegt, dass US-Konkurrenten wie der europäische Rüstungskonzern EADS seit Jahrzehnten ausgespäht werden. Nicht immer hatten allerdings die Bespitzelten Einwände dagegen, wie die ehemalige amerikanische ECHELON-Station Bad Aibling zeigt. Washington überließ Deutschland zwar 2004 die Einrichtungen. Im Gegenzug verpflichtete sich allerdings die deutsche Seite, den USA dort ermittelte gemischte oder über «Selektoren» vorsortierte Daten an die NSA weiterzugeben.

Die am weitesten reichenden Kooperationen pflegt die CIA bis heute mit dem Pentagon. Bereits in den Fünfzigerjahren gab es mit der Special Operations Division der US-Armee (SOD) in Fort Detrick eine intensive Zusammenarbeit bei der Entwicklung biologischer Waffen im Rahmen des MKULTRA-Programms. Mit der Air Force entwickelte und finanzierte die CIA ab 1954 Aufklärungsflugzeuge und Satelliten. Daran waren auch private Rüstungsfirmen beteiligt; an erster Stelle Lockheed Martin – die «Skunk Works». Bei der Entwicklung radarabweisender Stealth-Technik kooperierte Langley in den Siebzigerjahren vor allem mit der zum Pentagon gehörenden Defense Advanced Research Projects Agency (DARPA), der Nachfolgerin der 1958 auf Anordnung Eisenhowers entstandenen Advanced Research Projects Agency (ARPA), die auch das erste Internet (ARPANET) als schnelle Verbindung zwischen den für das Pentagon arbeitenden Forschungsinstituten auf den Weg brachte.

Langley schließt bis heute kontinuierlich weitere Abkommen. Die bekanntesten sind Kooperationen mit Computer- und Internetunternehmen, wie IBM, Microsoft, Google, Verizon und Amazon. Die CIA-Direktion Science and Technology gründete aber auch eigene Firmen, so 1999 In-Q-Tel (damals Peleus) mit ihren Beteiligungen an Suchmaschinen und Sozialen Netzwerken (u.a. Facebook), womit Langley sich auch hier den Zugriff sichert. Andere Firmengründungen dienten dagegen nur der Tarnung von Agenten, so die 1994 entstandene Investmentfirma Brewster, Jenning & Associates, die im Zuge der Plame-Affäre 2003 aufflog.

Viele geheime Kooperationen wurden nur durch Zufall bekannt. Dazu gehört auch die in den Siebzigerjahren unter der Bezeichnung MKULTRA aufgedeckte psychologische und biologische Forschung in Zusammenarbeit mit wissenschaftlichen Instituten, Universitäten, Krankenhäusern und Strafanstalten. Eines der umstrittensten Outsourcing-Projekte der letzten Jahre war die Entwicklung von psychologischen Programmen für den «Krieg gegen den Terror», die bei Folterungen im Lager Guantánamo angewendet wurden – mithilfe bekannter Wissenschaftler wie Martin Seligman, James Mitchell (alias Grayson Swigert) und Bruce Jessen (alias Hammond Dunbar).

Aber auch die Geisteswissenschaften profitierten. Als «P

Source» bezeichnete man schon in den frühen Jahren der CIA die Kooperation mit Professoren der acht amerikanischen «Ivy League»-Universitäten, zu denen unter anderem Harvard, Princeton, Yale und Columbia gehören. Bereits 1950 ging die Gründung des CIA-Office of National Estimates (ONE) auf die Initiative des Harvard-Professors William L. Langer zurück. Solche Verbindungen blieben bestehen. In den Achtzigerjahren förderte die CIA in Harvard verdeckt den neokonservativen Politologen Samuel Huntington, der später durch *The Clash of Civilizations*, eine Analyse zukünftiger politischer Bedrohungen, bekannt wurde.

Mit einer Fülle ausländischer Dienste bestehen bis heute spezielle Kooperationen. Die wichtigsten finden unter dem Etikett «Five Eyes» mit Großbritannien, Kanada, Neuseeland und Australien statt und beinhalten vor allem HUMINT- und SIGINT-Projekte. Die Kooperation reicht weit in die Zeit vor dem Kalten Krieg zurück, wurde aber erst ab 1945/47 stark ausgebaut. Unter anderem entstand dabei in den Sechzigerjahren ECHELON.

Die Bundesrepublik Deutschland als «Frontstaat» wurde durch das Besatzungsstatut, den Deutschlandvertrag (nebst dem Truppenvertrag), die nach 1955 fortbestehenden alliierten Vorbehaltsrechte und den Viermächtestatus von Berlin zu einem besonders wichtigen Standort. Hier war im Vergleich viel mehr als anderswo möglich, weil sogar Bonn wegschaute. Wie man heute weiß, ignorierte Bundeskanzler Adenauer in den Fünfzigerjahren selbst eindeutige Berichte über Folterungen durch CIA-Mitarbeiter in der «Villa Schuster» in Kronberg, die zum «Interrogation Center» der US-Armee, Camp King in Oberursel, gehörte. Insofern war die Bundesrepublik auch die beste Basis für Geheimoperationen in Ostmitteleuropa. Seit 1956 ließ die CIA von der U.S. Air Base Erbenheim, dem Giebelstadt Airfield, unter anderem die U-2 zu ihren hochgeheimen Spionageflügen im Ostblock starten.

In den westdeutschen Besatzungszonen und der Bundesrepublik war es deshalb auch unproblematisch, politisch belastete, aber als unverzichtbar erachtete Experten zu rekrutieren. Am bekanntesten ist wohl die Kooperation mit dem ehemaligen Chef der Wehrmachtsabteilung Fremde Heere Ost, Reinhard Gehlen. Er wurde zunächst von der US-Armee unterstützt (Operation RUSTY), in deren Camp King im Juni 1946 auch die «Organisation Gehlen» gegründet wurde, der Vorläufer des Bundesnachrichtendienstes (BND). Das Pentagon organisierte 1947 auch den Umzug in das neue Hauptquartier Pullach. Erst im folgenden Jahr übernahm die CIA und finanzierte den BND noch bis zum März 1953. Die «Org.» (CIA-Jargon: ZIPPER) und der BND blieben für die CIA insbesondere für die Nachrichtensammlung in der SBZ/DDR wichtig, aber auch für den Aufbau von «Stay Behind»-Gruppen für den Kriegsfall als Teil des Projekts GLADIO. Der Aufbau ging auf die NSC 10/2-»Covert Mission Protocols» von 1948 zurück und startete 1949 in Westdeutschland. Bis heute ist der BND ohne die CIA kaum handlungsfähig.

Auch andere bundesdeutsche Spitzenbeamte wurden zu CIA-Agenten. Paul Dickopf, der seit 1965 amtierende Chef des Bundeskriminalamts (BKA), der aus dem tief in Kriegsverbrechen verstrickten Sicherheitsdienst der SS (SD) stammte, war schon 1945 vom OSS angeworben worden. Ab 1948 in ständigem Kontakt mit der Agency, wurde er seit 1965 bis zu seiner Pensionierung 1971 als CIA-Informant CARAVEL entlohnt und lieferte – auch als Interpol-Chef (seit 1968) – zahlreiche Interna. Ob allerdings die CIA seinen Aufstieg, der ihn 1952 zunächst zum Ständigen Vertreter des BKA-Präsidenten machte, mit initiierte und seine Karriere mit lenkte, ist bis heute unklar.

Auch für Eugen Steimle, einen Experten für das deutsche Agentennetz in Spanien, interessierte sich die Agency. Er entkam der 1948 in Nürnberg verhängten Todesstrafe wohl nur mit ihrer Hilfe. Seine Informationen versetzten die CIA in die Lage, deutsche Agenten in Lateinamerika zu übernehmen. Auch den ebenfalls aus dem SD stammenden Gestapo-Chef von Lyon, Klaus Barbie, retteten zunächst seine einschlägigen Kenntnisse. Nach Südamerika entkommen, wurde er seit den Fünfzigerjahren unter anderem als «Klaus Altmann» im Rahmen der wahrscheinlich von der CIA mitorganisierten Operation CONDOR gegen Linke in Lateinamerika eingesetzt. Aber nicht nur Geheimdienstexperten suchte die Agency. Für die Experimente zur «Bewusstseinskontrolle» kooperierte sie sogar mit ehemaligen KZ-Ärzten wie Kurt Blome.

Die genaue Zahl rekrutierter NS-Täter in der CIA ist nicht bekannt. Schätzungen gehen von mindestens 100 aus.[13] Bis heute sind allerdings selbst politisch anrüchige Geheimdienstkooperationen für die Agency unverzichtbar. Der im Dezember 2014 gegen den Willen von US-Präsident Obama veröffentlichte sogenannte Folterreport legte weitere offen. Seitdem ist bekannt, dass neben einschlägigen arabischen Diktaturen auch EU-Staaten ihre Kapazitäten für Geheimgefängnisse, die «Black Sites», bereitstellten, so Polen und die Baltischen Staaten.

3. Schwerpunkt Europa 1947–1953/56

Italien – Der Gründungsmythos

Für die USA lag seit Kriegsende das Sicherheitsinteresse zunächst auf Europa und hier insbesondere auf jenen Ländern, in denen weitere kommunistische Machtübernahmen möglich erschienen: Griechenland, Italien, Frankreich und Deutschland.

Zur Feuertaufe und zum Gründungsmythos der CIA wurde der italienische Wahlkampf 1947/48. Das erste NSC-Dokument überhaupt, NSC 1/1 vom 14. November 1947, beschäftigte sich mit Operationen, die Italien vor dem Kommunismus sichern sollten. Wenig später entschied man sich dafür, den Wahlkampf der antikommunistischen Democrazia Cristiana verdeckt zu unterstützen. Genau einen Monat später unterzeichnete Truman dafür das NSC-Papier 4/A, mit dem über zehn Millionen Dollar aus beschlagnahmten Guthaben der ehemaligen Achsenmächte freigegeben wurden.[14] Hinzu kamen umfangreiche Spenden von Italo-Amerikanern – nicht zuletzt der Mafia, – die sich auf 75 Millionen Dollar summierten.[15] Parallel dazu half der Vatikan, wobei selbst die Exkommunizierung als legitimes Druckmittel im Wahlkampf galt. Besonders aktiv wurde die «Katholische Aktion» (Azione Cattolica), die mit Luigi Gedda den Wahlkampf als «Heiligen Krieg» gegen die «atheistischen Kommunisten» inszenierte. Rückblickend formierte sich hier das Bündnis zwischen CIA und Vatikan, das in der Endphase des Kalten Krieges noch einmal zu besonderer Bedeutung gelangte.

Die Agency agierte in Italien mit einer Special Procedures Group (SPG), die durch den mit dem Land eng vertrauten damaligen OSO-Chef, James Angleton, eigens dafür aufgebaut worden war. Die von ihm in der tief katholisch geprägten italienischen Gesellschaft initiierten Operationen der Psychologischen Kriegsführung mit landesweit verbreiteten Plakataktionen, Rundfunksendungen und antikommunistischen Filmen erwiesen sich als überaus wirkungsvoll. Mit dem Sieg der Christdemokraten am 18. April 1948 zeigte sich aus amerikanischer Sicht, dass sich der umfassende Einsatz gelohnt hatte. Sie stellten bis 1981 ununterbrochen den Ministerpräsidenten.

Berlin Operation Base: In der Hauptstadt der Spionage

Das geteilte Berlin war aufgrund seiner zentralen Lage zwischen den Blöcken des Kalten Krieges bereits 1945 der wichtigste Ort, an dem Ost und West und ihre Geheimdienste aufeinanderstießen. Mit den US-Einheiten war dort am 4. Juli 1945 auch der OSS mit Allen Dulles eingetroffen. Damit begann die Geschichte der «Berlin Operation Base» (BOB), die zunächst ebenfalls noch unter der Leitung des Pentagon und seiner Strategic Service Unit (SSU) stand. Ende 1947 wurde auch sie von der CIA übernommen.

Die CIA-Residenturen in West-Berlin firmierten danach unter verschiedenen Tarnbezeichnungen; als 7971st US Army Regional Support Group (1958–1961), als 7004th Support Group (PsyWar) und 77th Logistic Unit mit den Aufgabenbereichen Psychologische Kriegsführung und Agentenführung (1959–62) sowie als US Army Field Systems Office (1961–94). Die BOB war bis zu ihrem Ende 1994 zwar nur ein sogenanntes Field

Office, aber sehr selbstständig. Hauptstützpunkt der CIA im geteilten Deutschland blieb Frankfurt am Main, wo der Chef des USFET-Nachrichtendienstes gleichzeitig als Geheimdienstkoordinator amtierte. West-Berlin diente als vorgeschobener Beobachtungsposten auch anderen US-Nachrichtendiensten, etwa dem CIC und der NSA, die dort seit den Fünfzigerjahren ihren Horchposten auf dem sogenannten Teufelsberg unterhielt.

Erster BOB-Leiter wurde bis Ende 1945 der ebenfalls aus dem OSS stammende Richard Helms. Die erste Zeit nach der Übernahme durch die CIA bis 1949 organisierten ebenfalls OSS-Veteranen: Dana Durand und sein Stellvertreter Peter Sichel. Von Helms waren bereits Nachrichtendienst und Spionageabwehr als die beiden zentralen Aufgabenbereiche festgelegt worden. Für beides war West-Berlin der ideale Ort, zumal den Amerikanern über ihre Militärmission (USMLM) vertraglich der Zugang in die SBZ und die DDR offenstand. Man interessierte sich grundsätzlich für alles, weshalb unterschiedlichste Gruppen zur Nachrichtenarbeit eingesetzt wurden; Flüchtlinge, «Grenzgänger», ebenso aber Bürger, die sich ständig in der SBZ/DDR aufhielten. Für einige besonders wichtige Projekte, wie die zwischen 1945 und 1947 geführte Operation GRAIL, die Informationen über die sowjetischen Truppen sammelte, sollen Hunderte angeworben worden sein.[16]

Nicht nur, aber insbesondere für Amateure blieb die Spionage ein hohes, teilweise tödliches Risiko, zumal sie von der CIA häufig schlecht ausgebildet und unprofessionell geführt wurden. Bereits das Scheitern von GRAIL hatte 1947 verheerende Folgen für die Amateurspione und war zudem ein Geschenk für die gegnerische Propaganda. Weltweit bekannt wurde 1953 der Fall Elli Barczatis. Sie war als Sekretärin des DDR-Ministerpräsidenten Otto Grotewohl zwischen 1950 und 1953 wohl unwissentlich zur Informantin des CIA-geführten BND geworden und wurde 1955 wegen Spionage hingerichtet. Andere hatten mehr Glück. Franz Saretzki entschied sich 1952 als Mitarbeiter in der DDR-Wirtschaftsverwaltung zur Zusammenarbeit mit der Agency, wurde aber erst 17 Jahre später enttarnt, zu einer Haftstrafe verurteilt und später in den Westen ausgetauscht.

Besonders hohe Verluste wies die 1948 in West-Berlin gegründete «Kampfgruppe gegen Unmenschlichkeit» (KgU) auf, die vom Office of Policy Coordination (OPC) in West-Berlin ab 1949 als ein «Hauptprojekt» geführt wurde und wahrscheinlich zur weiteren Radikalisierung von CIA-Operationen beitrug. Die KgU-Protagonisten, Ernst Tillich und Rainer Hildebrandt – er verließ die Gruppe bereits Mitte 1952 –, waren allerdings wie die CIA davon überzeugt, dass der Kalte Krieg offensiv zu führen sei. Die KgU war deshalb zunächst auch für das «Stay Behind»-Netzwerk GLADIO vorgesehen.

Hauptaufgabe der Gruppe blieb, den Aufbau der SBZ/DDR durch Sabotage und Propaganda möglichst effektiv zu stören. Das erwies sich aus der Sicht der CIA zunächst als so erfolgreich, dass die Strategie ab 1954 auch in Nordvietnam angewendet wurde. Neben Spionage, Flugblättern und vielen «administrativen Maßnahmen», die die SBZ/DDR-Verwaltung behindern sollten, fanden Gift-, Säure-, Brand-, Sprengstoff- und andere Anschläge oder zumindest die Vorbereitung dafür statt. Das Material lieferte die Agency. Nachweisbar sind Angriffe auf Eisenbahnlinien, Brücken, Straßen, landwirtschaftliche Einrichtungen und Industrieanlagen, aber auch auf Einzelpersonen.

Aber die CIA schätzte auch die KgU-Nachrichtenarbeit. Die Gruppe warb dafür Hunderte Informanten in der SBZ/DDR an. Bis zu ihrer Auflösung 1959 wurden rund 1100 Menschen, die teilweise ins offene Messer liefen, als «KgU-Agenten» verurteilt; mindestens 126 davon zum Tod.[17] Es war am Ende die Unprofessionalität der Arbeit, nicht die Radikalität, die die CIA ab 1953/54 zum weitgehenden Abbruch der Beziehungen zur KgU zwang, die aber erst fünf Jahre später wirklich endeten. Die KgU-Akten gingen zu einem erheblichen Teil in CIA-Besitz über.

Ähnlich nachlässig wie bei der Ausbildung und beim Schutz angeworbener Amateure zeigte sich die CIA auch in ihrer internen Spionageabwehr. Sie wies bis zum Ende des Kalten Krieges eine ungewöhnlich hohe Zahl an Doppelagenten auf, was immer wieder zu hektischen Gegenreaktionen führte, für die in den Sechzigerjahren namentlich James Angleton bekannt wurde. Tatsächlich waren viele, auch spektakuläre Operationen unterwandert, so auch das wohl aufsehenerregendste BOB-Projekt, die 1954 gestartete Operation GOLD, in der sowjetische Telefonate mithilfe eines eigens angelegten Tunnels unter dem sowjetisch kontrollierten Teil Berlins abgehört wurden. Wie die ähnlich konzipierte Operation SILVER in Wien war sie vom britischen MI6 (SIS) angeregt worden und sammelte rund 443 000 Gespräche.[18]

Niemand in der CIA ahnte, dass die Ergebnisse zum Teil manipuliert waren. Dahinter stand der Verrat von George Blake, einem Doppelagenten im MI6, der dafür sorgte, dass die Sowjets nicht nur mit der Aufdeckung warteten, sondern auch die Freilegung des Berliner Tunnels im April 1956 zu einem gigantischen Propagandaerfolg machen konnten. Blake wurde erst drei Jahre später durch den in den Westen geflohenen polnischen Überläufer Michał Goleniewski enttarnt.

Umsturzversuche: Albanien – Jugoslawien – UdSSR

Der 1947/48 an die CIA gestellte Auftrag beinhaltete auch die Förderung der «Selbstbefreiung» kommunistischer Staaten. Auf der Suche nach Möglichkeiten wurde 1948 die vermeintliche «Fahnenflucht» («Defection») Jugoslawiens aus dem «Ostblock» zum ersten Beleg, dass ein friedliches Ausscheiden eines ganzen Staats möglich sei. Dahinter stand zwar ein großes Missverständnis nicht nur in der CIA, da Staatschef Tito keinesfalls freiwillig ausschied und auch nicht in den Westen überlief, wie kurz danach sein Engagement in der Blockfreienbewegung zeigte. Dennoch begann die CIA bereits 1949 mit Umsturzversuchen. Erste Ziele waren Albanien und Jugoslawien. Bis weit in die Fünfzigerjahre wurden sie auch auf die UdSSR ausgedehnt, wo die Ukraine im Mittelpunkt stand. Teilweise parallel, vor allem aber seit 1961 verlagerte sich der Schwerpunkt solcher «Preventive Direct Action», wie sie in NSC 10/2 genannt wurde, in die Entwicklungsländer, wo die Gefahr einer nuklearen Eskalation nicht so hoch wie in Europa war.

Der Vorschlag, in dem kleinen und unter Stalins Statthalter,

Enver Hodscha, mit harter Hand geführten Albanien einen Bürgerkrieg auszulösen, an dessen Ende eine prowestliche Regierung stehen sollte, kam wie viele andere dieser offensiven Pläne wieder aus dem britischen MI6. Konzeptionell allerdings verbanden die Amerikaner damit weit mehr als die Briten. Der damalige OPC-Chef und eigentliche Planer, Frank Wisner, sah darin «ein klinisches Experiment, das zeigen konnte, inwieweit größere Rollback-Operationen anderswo möglich seien».[19] Man ging davon aus, dass die Kommunisten in der Bevölkerung prinzipiell unpopulär seien und es nur einer realen Alternative bedürfe, um den Umsturz herbeizuführen. Bei dieser Annahme blieb es auch in den folgenden Jahrzehnten.

Die albanische Operation mit dem Codenamen VALUABLE startete im Oktober 1949, nachdem über Monate Freiwillige in Flüchtlingslagern rekrutiert und in Libyen und Malta trainiert worden waren. Das Ergebnis war allerdings ernüchternd. Die ans Land gebrachten Emigrantengruppen gerieten fast sofort in Gefangenschaft, und auch die bis 1953 eingesetzten neuen Einheiten hatten keinen Erfolg. VALUABLE endete, als auch der erfolgreichste US-Agent in Albanien, Hamit Matjani, während seines 16. Einsatzes verhaftet wurde. Es folgten die üblichen Schauprozesse, die nicht zuletzt eine propagandistische Niederlage für die USA waren.

Ähnliche Erfahrungen machte die CIA in Jugoslawien. Für die Operation waren ebenfalls schon 1949 emigrierte serbische Tschetniks, die im Zweiten Weltkrieg gegen die Partisanen Titos gekämpft hatten, ausgebildet und ins Land gebracht worden. Anders als in Albanien war es diesmal eine autarke CIA-Operation, über die wohl niemand außerhalb der Agency informiert worden war und die zudem völlig konträr zur Linie des US-Außenministeriums verlief, die Tito nicht stürzen, sondern als Vorbild für weitere «Defections» unterstützen wollte. Für die Agency blieb der jugoslawische Staatschef allerdings trotz seiner Differenzen zu Moskau in erster Linie ein Kommunist, dem allein deswegen nicht zu trauen war. Später, während der Ungarischen Revolution 1956, war man in der CIA ebenso feindselig gegenüber der dortigen Freiheitsikone Imre Nagy. Das

Ergebnis der Operation war wie in Albanien katastrophal. Auch in Jugoslawien liefen die vorgesehenen Befreier in die Arme der Sicherheitskräfte, womit weitere Planungen abgebrochen wurden.

In Jugoslawien scheiterte man zwar erneut an Illusionen und am Dilettantismus. Die Briten mokierten sich über das «idiotische Benehmen» der CIA.[20] Darüber hinaus spielte aber Verrat eine zentrale Rolle: Der mit James Angleton eng befreundete Kim Philby war nicht nur der britische MI6-Vertreter in Washington, sondern auch Mitglied des «Cambridge Five» genannten Kreises Moskauer Agenten, der erst 1963 enttarnt wurde.

Ganz negativ fiel das Urteil der CIA trotzdem nicht aus. Nicht die Idee der Selbstbefreiung als Teil der Zurückdrängung des Kommunismus wurde als falsch erachtet, sondern die Fehler in der Vorbereitung. Alle folgenden Versuche, mit Emigranten einen Umsturz herbeizuführen, verliefen deshalb bis in die Achtzigerjahre nach ähnlichem Muster. Außer in der Ukraine fanden sie in den Fünfzigerjahren in den Baltischen Staaten, Weißrussland, Russland und im Kaukasus statt. Wie in anderen CIA-Operationen wurden auch hier antikommunistische Emigranten, aber auch noch von den Deutschen zurückgelassene «Schläfer» eingesetzt, wie Harry Rositzke als Mitarbeiter der Soviet Union Division des OSO später aussagte.[21]

In der Ukraine wurden vor allem die Organisation Ukrainischer Nationalisten (OUN) und deren militärischer Arm, die UPA, eingesetzt. Insgesamt waren 75 Ukrainer als Führer von Widerstandszellen bei der CIA registriert.[22] Für ihre Unterstützung schloss das OPC unter Frank Wisner 1949 sogar ein Abkommen mit dem Pentagon. Die Lieferlisten sind erhalten geblieben und zeigen, dass für mehrere hundert Millionen Dollar Sprengstoffe und Zubehör für Kommandounternehmen geliefert wurden. Weitere Einzelheiten über die teils per Fallschirm eingeschleusten Agenten wurden 1957 durch die sowjetische Beschwerde vor der UNO bekannt.

Das Scheitern der Operationen in der Ukraine hatte auch hier mehrere Gründe. Neben der Übermacht der Sowjets und der Illusion, durch isolierte Gruppen einen Umsturz herbeiführen zu können, spielte hier wieder Verrat eine entscheidende Rolle. Der Doppelagent Igor Orlow (alias Sascha/Franz Koischwitz) arbeitete seit Beginn der Fünfzigerjahre ausgerechnet in jener CIA-Abteilung, die neben den Überläuferprogrammen auch die Einsätze in der UdSSR und den Satellitenstaaten leitete. Für den ehemaligen BOB-Leiter Peter Sichel waren das entscheidende Gründe, 1960 den CIA-Dienst zu quittieren.

Die CIA und die Aufstände im Ostblock

Gerade die nach Stalins Tod am 5. März 1953 beginnenden vier Aufstände in Ostmitteleuropa stärkten die Rollback-Befürworter nicht nur in der CIA. Im Juni 1953 begannen Revolten in der Tschechoslowakei und der DDR. Mit Verzögerung folgten 1956 Polen und Ungarn. Die Agency zeigte sich bereits fünf Tage nach dem Tod des Diktators überzeugt, dass sich hier die bislang beste Gelegenheit eröffne, den sowjetischen Einfluss in den Satellitenstaaten zurückzudrängen, wie es in der Sitzung des National Security Councils (NSC) vom 11. März 1953 hieß.[23]

Der «Pilsener Aufstand» in der ČSR und der «17. Juni» in der DDR glichen sich in ihrer Vorgeschichte durch die verschärfte Sowjetisierung und entsprechende Unzufriedenheiten in der Bevölkerung. Anders als in der Tschechoslowakei erweiterten sie sich jedoch in der DDR zu umfassenden politischen Protesten, auf deren Höhepunkt sogar die deutsche Wiedervereinigung gefordert wurde. Zudem verlief die Niederschlagung mit über fünfzig Toten ungleich blutiger, was zur Frage führte, inwieweit «der Westen» und insbesondere die CIA an der Eskalation beteiligt gewesen waren.[24]

Unbestritten ist, dass die Agency beide Aufstände als weitere Bestätigung ihrer Strategie ansah. Dies unterstrich CIA-Chef Allen Dulles einen Tag nach der Niederschlagung des DDR-Aufstands während der NSC-Sitzung am 18. Juni 1953 noch einmal ausdrücklich.[25] Die Ereignisse boten genau das Szenario für eine Selbstbefreiung der «Captive People», das sich National Security Council und CIA seit Jahren ausmalten. Am Beispiel der seit 1946 aus West-Berlin sendenden US-Station RIAS lässt sich während des Aufstands vom 17. Juni die Gratwanderung zwischen Nutzung der Gelegenheit und der Sorge, dadurch einen internationalen militärischen Konflikt auszulösen, nachvollziehen.

Auf den Sender hatte die CIA unter anderem durch einflussreiche Institutionen wie die United States Information Agency (USIA) und das Psychological Strategy Board (PSB, seit 1953: OCB), das auch andere US-Auslandssender wie Radio Freies Europa (RFE) oder Radio Liberation (später: Radio Liberty, RL) kontrollierte, und nicht zuletzt über die amerikanischen Direktoren erheblichen Einfluss. Im RIAS waren führende Mitarbeiter Geheimdienstoffiziere, so bereits der erste Sendedirektor, Bill Heimlich, oder sie stammten aus dem Militär, wie der während des Aufstands vom 17. Juni amtierende Gordon Ewing.

Die Bedeutung des Radios als Medium zur Befreiung sowjetisch kontrollierter Staaten war unbestritten. Dies unterstrich auch das für die Fünfzigerjahre wichtigste Strategiepapier NSC 68 mit dem Titel *The Strategy of Freedom*, das seit 1950 in Kraft war. Der RIAS war fast überall in der DDR, aber auch in den benachbarten Staaten zu hören und erreichte etwa sechs Millionen Menschen.[26] Das Konzept hieß «Konstruktive Subversion» mit «Kalkuliertem Risiko», wie das zeitgenössische, von CIA-Mitarbeitern mitverfasste *Psychological Warfare Casebook* vermerkte.[27] Konstruktive Subversion meinte, oppositionelle Stimmungen gezielt zu fördern, Kalkuliertes Risiko, nichts zu unterlassen, aber die Grenze zum militärischen Konflikt nicht zu überschreiten.

Der RIAS war nicht nur an der Herstellung eines regimekritischen Klimas in der DDR im Vorfeld des 17. Juni 1953 maßgeblich beteiligt, sondern trug während des Aufstandes dazu bei, es auszuweiten. Egon Bahr, der 1953 amtierende RIAS-Chefkommentator, formulierte 1998: «Ohne den RIAS hätte es den Aufstand so nicht gegeben».[28] Ewing wollte einerseits nichts von dem unterlassen, was der (Selbst-)Befreiung der DDR dienen konnte, andererseits nichts tun, was den Dritten Weltkrieg auslösen konnte. Offensiver in den Aufstand involviert waren andere, so die auch von der CIA geförderten privaten Befreiungsorganisationen, die unter anderem Flugblätter druckten und an die Demonstranten verteilten. Zu ihnen gehörten viele: neben der KgU auch die radikalen russischen Antikommunisten des NTS und das Ostbüro der SPD.

Die positive Bilanz von NSC, CIA, PSB und US-Hochkommissariat schlug sich am 29. Juni 1953 im NSC-Strategiepapier 158 nieder, das Vorschläge «zur weiteren Förderung der Unruhe in den Satellitenstaaten» zusammenfasste.[29] Zur ersten Operation wurde die auch von der CIA unterstützte und am 10. Juli von Präsident Eisenhower veranlasste Lebensmittelhilfe für DDR-Bürger. Sie hatte Belohnungscharakter, aber auch klare geheimdienstliche Ziele. Als DDR-Bürger bis Mitte Oktober 1953 rund 5,5 Millionen Pakete aus West-Berlin abholten, sammelte auch die CIA gleichzeitig ihre Kontaktdaten.

Der fast genau drei Jahre später folgende Ungarische Aufstand im Oktober und November 1956 stellte mit seinem ungleich höheren Blutzoll jedoch das ganze Konzept zumindest für Europa wieder infrage. Bis dahin hatten die USA und insbesondere auch die Agency sich geradezu minutiös daran gehalten. Auf Anweisung Frank Wisners kaufte die CIA, kurz nachdem der sowjetische Parteichef Chruschtschow im Februar 1956 die Verbrechen Stalins in einer Geheimrede angeprangert hatte, das Manuskript, das sogar nach Aussage des zunehmend CIA-kritischen George Kennan «Gold wert» war.[30] Das Material hatte die Agency über den israelischen Mossad erhalten und machte es mit Flugblättern und Radiosendungen in Ostmitteleuropa bekannt, um den Widerstand weiter zu fördern, wie James Angleton, der damalige Leiter der CIA Special Operations, später sagte.[31] Tatsächlich erhöhte sich die Zahl der Oppositionsgruppen, die Verbindung zur Agency hielten.

Nachdem auch der Posener Aufstand in Polen das Konzept der CIA noch im Juni 1956 bestätigt zu haben schien, zeigte sich die Agency von der Wucht des Ungarischen Aufstands völlig überrascht. Es gelang ihr lange Zeit nicht, wirklichen Einblick zu erhalten, was sich in haarsträubenden Fehleinschätzungen zeigte. Die Ansicht aber, dass dieser Aufstand so entscheidend sei, dass er einen gewagten Einsatz rechtfertige, war so stark, dass die CIA nun sogar eine ihrer geheimen Emigranteneinheiten, die RED SOX/RED CAPS, ohne Wissen des Präsidenten nach Ungarn schickte. Sie ging dort in den Kämpfen unter.

Die von sowjetischen Truppen mit über 3000 Toten niedergeschlagene Revolution in Ungarn wurde damit zum Anfang vom Ende der bisherigen Offensive in Europa.[32] Der Aufstand hatte unmissverständlich deutlich gemacht, dass eine direkte Unterstützung zu risikoreich war. Nach jahrelangen Debatten um die Zukunft der Rollback-Strategie verlagerte sich der Schwerpunkt seit dem Mauerbau in Berlin 1961 in die Dritte Welt. Hier fand die CIA ihr neues Hauptbetätigungsfeld.

4. Schwerpunkt Dritte Welt 1953–1973

Das Initialereignis: Der Koreakrieg

Vor 1961 blieb auch das Interesse der CIA an der «Dritten Welt», wie die Entwicklungsländer damals seit kurzem auch genannt wurden, im Vergleich zu Europa schwach, auch wenn einige markante Operationen schon in den 1950er Jahren stattfanden. Die primäre Sorge galt Europa. Erst als der Mauerbau 1961 die Lage in Mitteleuropa beruhigt hatte, erschien die Dekolonisierung auch der CIA zur «größten Gefahr für Amerika» zu werden, wie ihr ehemaliger Direktor William Colby 1978 in seinem berühmt gewordenen *Playboy*-Interview unterstrich.[33]

Das Interesse an den Entwicklungsländern wäre wohl auch vor 1961 noch geringer ausgefallen, hätten nicht nordkoreanische Truppen am 25. Juni 1950 Südkorea überfallen. Die CIA rechnete damals in erster Linie mit einer sowjetischen Aggression in Mitteleuropa, hatte aber zuvor immerhin einen nordkoreanischen Angriff im Juni für möglich gehalten. Alles in allem waren die amerikanischen Geheimdienste vom Kriegsbeginn aber völlig überrascht worden. Dean Rusk, damals Staatssekretär im US-Außenministerium und unter anderem für den Fernen Osten verantwortlich, mokierte sich später darüber, dass die amerikanischen Geheimdienstler, die schon 1941 vor dem japanischen Angriff auf Pearl Harbor so kläglich gescheitert waren, nun erneut alles versuchten, ihre Unschuld am Informationsdesaster in Korea zu belegen. O-Ton Rusk: «Just damned nonsense».[34]

Das Wort vom «zweiten Pearl Harbor» blieb in der Welt, und auch danach waren die CIA-Prognosen kaum besser geworden. Auch den Angriff chinesischer Truppen am Yalu im Oktober 1950, der die vor der Niederlage stehenden Nordkoreaner entlastete, konnte die Agency nicht voraussagen, was zur Folge hatte, dass die eigenen Truppen in hektischen Operationen zurückgezogen werden mussten. Oberbefehlshaber Douglas MacArthur hatte noch kurz zuvor Präsident Truman auf der Basis der CIA-Berichte versichert, der Krieg sei so gut wie gewonnen und Mao habe bereits den Moment zum Eingreifen verpasst.[35]

Insofern war der Druck auf den neuen DCI, Walter Bedell Smith, gigantisch, was dazu führte, dass er bereits im Februar 1953 durch Allen Dulles ersetzt wurde, der trotz aller neuen Skandale bis 1961 amtierte. Smith hatte allerdings in seiner kurzen Amtszeit mit der Einrichtung des Office of National Estimates bereits eine Reform auf den Weg gebracht, die die CIA-Prognosen zuverlässiger machen sollte. Es reichte trotzdem häufig nicht. Die Etablierung der zunächst vor allem auf das Abhören gegnerischer Nachrichtenverbindungen spezialisierten NSA als eigenständiger Nachrichtendienst und Konkurrent 1952 hatte daher zumindest teilweise auch etwas mit den geheimdienstlichen Niederlagen der CIA zu tun.

Aber nicht nur in der herkömmlichen Nachrichtenarbeit, sondern auch im Agenteneinsatz und bei den Verdeckten Operationen erwies sich der Koreakrieg für die Agency als Desaster. Während der Operation TROPIC, einer 1951 begonnenen und vier Jahre später abgeschlossenen Serie von Agenteneinsätzen, wurden 1952 nicht nur die beiden dann berühmt gewordenen Agenten des Office of Policy Coordination (OPC) George Fecteau und John Thomas «Jack» Downey in Nordkorea gefangen und als Trophäen präsentiert. Auch die von der CIA unter anderem auf der Insel Saipan im Schnellverfahren zu Spionen ausgebildeten nordkoreanischen und chinesischen Flüchtlinge und Überläufer wurden ausnahmslos entdeckt und wahrscheinlich hingerichtet. Auch in diesen Fällen waren viele Operationen, wie so häufig vorher und später, durch Doppelagenten unterwandert. Immerhin konnte 1950 William Weisband enttarnt werden, der bereits seit dem Zweiten Weltkrieg Material nach Moskau lieferte. Auf ihn ging vor allem der Verrat des VENONA-Dechiffrierprogramms zurück, das auch die CIA nutzte. VENONA blieb trotzdem noch bis in die Achtzigerjahre aktiv. In den Fünfzigerjahren fußten darauf unter anderem die Enttarnungen der berühmten Atomspione Klaus Fuchs und Julius Rosenberg.

Der Koreakrieg wurde darüber hinaus zur Initialzündung für sehr spezielle CIA-Projekte, mit denen die psychische Belastbarkeit von US-Soldaten gesteigert werden sollte. Hintergrund waren Berichte, dass GIs diesem Krieg nicht gewachsen seien. Die Kollaboration amerikanischer Soldaten in der Kriegsgefangenschaft wurde deshalb zum Startschuss für umfangreiche Programme zur «mentalen Kontrolle», zu denen auch das berüchtigte MKULTRA gehörte.

Iran: Rohstoffsicherung

Im selben Monat, als der Koreakrieg im Juli 1953 mit einem Waffenstillstand endete, um danach in einen kontinuierlichen, unerklärten Krieg überzugehen, der auch die CIA bis heute beschäftigt, erreichte die von der Agency zur Sicherung des Mittleren Ostens und vor allem der Rohölversorgung begonnene Operation AJAX ihren Höhepunkt. Es ging um die Ausschaltung der kommunistischen Tudeh-Partei im Iran zur Unterstützung des westlich orientierten Schah Mohammed Reza Pahlewi. Der Staatsstreich wurde wegweisend für weitere CIA-Operationen in der Dritten Welt.

Die Bedeutung der gesamten Golfregion hatte noch Präsident Roosevelt im April 1945 ausdrücklich unterstrichen, und für die US-Politik änderte sich daran bis heute nichts. Vier Jahre vorher war der Iran von britischen und sowjetischen Truppen gemeinsam besetzt worden, um den alliierten Nachschub in die Sowjetunion zu sichern. Seitdem war auch der Schah im Amt.

Schon Ende 1945 hatte sich die Situation allerdings verschärft, als Stalin versuchte, mit der Tudeh-Partei eine sowjetische Mitsprache in der Ölförderung und eine Teilautonomie des iranischen Teils von Aserbaidschan, der sogenannten Volksrepublik Gilan, zu erzwingen. In Washington sprach man mit Blick auf die Appeasement-Politik der Vorkriegszeit und die mittlerweile boomende Totalitarismustheorie bereits von der Gefahr eines Dominoeffekts, der auch andere Regionen destabilisieren werde, wenn man nicht entschieden handele.

Zwar zogen sich die Sowjets im März 1946 auf westlichen Druck wieder zurück, aber die Alarmstimmung in Washington verringerte sich nicht einmal mit dem Verbot der Tudeh-Partei 1949. Sie steigerte sich, als im April 1951 mit Mohammad Mossadegh einer ihrer Protagonisten zum Premier ernannt wurde. Die Ölindustrie war zwar bereits vor seinem Amtsantritt verstaatlicht worden, aber wie überall auf dem Globus verstanden die US-Regierung und insbesondere auch die CIA Sozialisierungen als Beginn einer Sowjetisierung.

Tatsächlich knüpfte Mossadegh engere Bindungen mit Moskau und plante wohl auch, die CIA und die US-Militärmission auszuweisen. Vor diesem Hintergrund genehmigte Eisenhower im Juli 1953 den Putsch gegen Mossadegh – die Operation AJAX. Als Nachfolger war der zuvor entlassene General Fazlollah Zahedi vorgesehen. Die Vorbereitung übernahm eine CIA-Arbeitsgruppe – genannt «die Cowboys» – unter Leitung des Chefs der Abteilung für den Nahen Osten und Afrika in der CIA-Direktion für Planungen, Kermit «Kim» Roosevelt.

Trotzdem verlief nichts nach Plan. Selbst der Schah musste überzeugt werden, am 13. August 1953 Mossadegh zu entlassen und Zahedi zum neuen Premierminister zu ernennen. Als sich zudem der von den Kommunisten, aber auch Teilen der Bevölkerung und vom Parlament unterstützte Mossadegh weigerte zurückzutreten und der Schah gezwungen war, ins Ausland zu fliehen, gelang es der CIA nur mit hohem finanziellem Aufwand, umfangreiche Pro-Schah-Demonstrationen zu organisieren und das iranische Militär sowie die schiitische Geistlichkeit zu überzeugen. Nach blutigen Auseinandersetzungen wurde Mossadegh schließlich am 19. August verhaftet und später zu Gefängnis und Hausarrest verurteilt. Anders als andere von der CIA gestürzte Staatsoberhäupter überlebte er aber und starb erst 1967 eines natürlichen Todes auf seinem Landgut in Ahmad Abad.

Zur weiteren Sicherung des nun wichtigsten Erdöllieferanten wurde der iranische Sicherheitsapparat – der militärische Geheimdienst G2 ebenso wie die 1957 gegründete neue Geheimpolizei SAVAK – mithilfe der CIA ausgebaut. Deren Ziel waren nun nicht mehr nur Kommunisten, sondern eine Vielzahl missliebiger Personen, insbesondere auch Islamisten. Die US-Unterstützung endete erst, als der Schah in den Siebzigerjahren mit seinem laizistischen Modernisierungskurs die Geistlichkeit vollends gegen sich aufbrachte und Präsident Carter, der seit seinem Amtsantritt 1977 die Menschenrechte in den Mittelpunkt gestellt hatte, dessen Sturz nicht mehr verhindern wollte.

Auch diese Entwicklung konnte die CIA nicht prognostizieren. Mit dem Sturz Pahlewis endete für Jahrzehnte nicht nur die Geschichte des Iran als westlicher Erdöllieferant und antikommunistischer Frontstaat, sondern er wurde zu einem dauerhaften Krisenherd. Erst ab 2016 normalisierten sich die Beziehungen allmählich.

Südostasien: Die Dominotheorie

Auch in Ostasien erbte die CIA die Konflikte, die bereits das OSS beschäftigt hatten. Dies betraf neben Korea und China vor allem den Süden: Britisch- und Niederländisch-Indien, Französisch-Indochina, Britisch-Malaya und die Philippinen mit der sie umgebenden Inselwelt. Die Dominotheorie wurde erst hier zur Doktrin, wobei die Philippinen und Französisch-Indochina zu ersten Einsatzgebieten der CIA wurden. Hier erwarb sich auch der CIA-PsyWar-Experte Edward Lansdale seinen legendären Ruf, der allerdings in der Rückschau nur zum Teil gerechtfertigt war.

Auch Lansdale war aus dem OSS in die Agency gekommen und zunächst im Kampf gegen die marxistische «Volksbefreiungsbewegung» Hukbalahap (bzw. Hukbong) auf den Philippinen eingesetzt worden. Als nach acht Jahren die «Huk» 1954 aufgaben, galt Lansdale bereits als Experte für die Verdeckte, insbesondere die Psychologische Kriegsführung, was ihn für Indochina empfahl. Dort war Frankreich gerade mit seinem Versuch gescheitert, die nationalkommunistischen Viet Minh unter Ho Chi Minh zu besiegen und sein Kolonialgebiet wiederherzustellen. Selbst die großzügige Unterstützung der USA, die seit 1950 fast 80 Prozent der Kriegskosten geschultert hatten, konnte daran nichts ändern.[36]

Die Genfer Indochinakonferenz im Juli 1954, die neben der Aufteilung Französisch-Indochinas in die Nationalstaaten Kambodscha, Laos und Vietnam auch die Teilung Vietnams vereinbarte, wurde deshalb für die CIA zum Ausgangspunkt ihres Verdeckten Krieges gegen Nordvietnam und die Viet Minh, die man seit etwa 1956 als Viet Cong – die vietnamesischen Kommunisten – bezeichnete. Wie Hos Agenten in das von den USA unterstützte Südvietnam, so sickerten Lansdales Leute über Kambodscha und Laos oder über den Seeweg in Hos Volksrepublik ein. Ähnlich den Operationen in der DDR stand neben Spionage und antikommunistischer Propaganda vor allem Sabotage im Vordergrund. Als der amerikanische Bodenkrieg 1965 begann, der nicht zuletzt erneut den Schiffbruch der CIA zeigte, war Lansdale allerdings schon Jahre zuvor für Anti-Castro-Operationen auf Kuba engagiert worden. Auch hier scheiterte er.

Der Vietnamkrieg wurde noch bis 1973/75 geführt und verwüstete schließlich auch Laos und Kambodscha. Die CIA konzentrierte sich vor allem auf Aufklärung und Verdeckten Krieg sowie auf die Suche nach neuen Verbündeten. In Kambodscha sammelte man die Antikommunisten der Khmer Serei, in Laos fand man Alliierte unter den Bergvölkern. Die Operationen trugen Namen wie WHITE STAR, HOTFROG oder 404. In Laos entstand dafür bereits 1962 die geheime CIA-Basis Long Cheng (alias Long Tieng, Lima Site (LS) 98, LS 20A), von der zeitweilig mehr Flugzeuge starteten als von den großen Passagierflughäfen in den USA. Einen besonderen Ruf erwarb sich hier die CIA-eigene «Air America», die nicht nur aus Black Budgets, sondern durch Drogenschmuggel finanziert wurde. Obwohl der Rauschgifthandel in den USA dadurch massiv gefördert wurde, blieb die Grundidee erhalten, wie spätere Finanzierungsmodelle der Agency für Widerstandsgruppen etwa in Afghanistan und Mittelamerika zeigten.

In der Agency führte der «Krieg ohne Fronten» (B. Greiner) in Vietnam zu einer weiteren Radikalisierung. Dies machte insbesondere die Operation PHOENIX deutlich, in der Gezielte Tötungen und Folter zum Programm wurden. Nach heutigen Schätzungen wurden dabei seit 1967 unter Anleitung von CIA-Agenten rund 20 000 «Kommunisten» getötet.[37] Eine «Pazifizierung» konnte dadurch allerdings nicht erreicht werden.

Auch die CIA-Operationen gegen nationalkommunistische Unabhängigkeitsbewegungen in British-Malaya und Niederländisch-Indien endeten erfolglos, obwohl die Agency hier ebenso hart vorging. Schwerpunkt wurde Niederländisch-Indien. Hier hatten Achmed Sukarno und Mohammed Hatta schon 1945 die Republik Indonesien ausgerufen, die sich ausdrücklich zum Sozialismus bekannte. Drei Jahre später entstand im Osten Javas sogar eine kurzlebige «Sowjetrepublik». Anders als in Französisch-Indochina unterstützten die USA allerdings hier nicht die 1947 begonnene militärische Intervention Den Haags, die zu einem ausufernden Partisanenkrieg führte. Stattdessen zwangen sie die Niederlande mit der Drohung, alle Wiederaufbauhilfen zu streichen, zwei Jahre später zum Rückzug und zur Anerkennung der «Vereinigten Staaten von Indonesien» (ab 1950: Republik Indonesien).

Auch Sukarnos Weg, der 1957 Bindungen mit China, dem Ostblock und der Blockfreienbewegung einging, blieb allerdings in Washington inakzeptabel, was durch Alarmmeldungen aus der CIA gefördert wurde. In Indonesien gelang es der Agency zeitweilig sogar, die US-Außenpolitik zu lenken. Mit Zustimmung Eisenhowers lief sie hier zu Hochform auf, um Sukarno zu beseitigen. Waffenlieferungen, aber auch eine Fülle «schmutziger Tricks» – so wurden Doppelgänger Sukarnos in schlüpfrigen Filmen eingesetzt – sollten einen Aufstand provozieren. Doch erst sieben Jahre später war man erfolgreich, als Sukarno Anfang 1965 doch noch mit CIA-Hilfe gestürzt werden konnte und durch eine rechtsgerichtete Junta unter General Suharto ersetzt wurde. Sie ging mit amerikanischer Unterstützung nun noch massiver gegen die indonesische Linke vor. Dabei wurden nach heutigen Schätzungen bis zu einer Million Menschen getötet.[38]

Der einzige Staat, den die CIA in Südostasien wegen seiner Nähe zum Westen, aber auch aufgrund des massiven Vorgehens des Militärs gegen Linke als relativ stabil ansah, blieb Thailand. Eine Zivilregierung war hier seit 1947 faktisch abgeschafft, und bis auf wenige Jahre (1973–1976; 1988–1991; 1992–2006) ist das bis heute (2017) so geblieben. Der CIA boten sich hier daher ideale Bedingungen. Der thailändische Flugplatz Udon Thani (Udorn) wurde neben Long Cheng in Laos zum Hauptstützpunkt der Agency im Vietnamkrieg. Im Gegenzug gewährten die USA Bangkok weitreichende Hilfen im Kampf gegen kommunistische Gruppen. Seit den Siebzigerjahren rückten der Drogenkrieg und danach der Kampf gegen den Islamismus in den Mittelpunkt. In beiden Fällen übernahmen die USA auch hier die technische Aufrüstung. Insofern war es keine Überraschung, dass die CIA nach dem «9/11» auch dort eines ihrer berüchtigten Geheimgefängnisse einrichtete.

Afrika: Die Beispiele Kongo und Angola

Afrika rückte später in den Fokus. Erst 1958 wurde ein «Afrika-Büro» im State Department eingerichtet. Doch schon ab 1951 versuchten die USA in Nordafrika – im Maghreb und in Ägypten –, wo die meisten Staaten seit 1945 der Arabischen Liga beitraten, Verbündete zu gewinnen. Aus den Konflikten wollte man sich allerdings so weit wie möglich heraushalten. Insofern war es folgerichtig, dass Washington sich weigerte, für den seit 1954 tobenden achtjährigen Algerienkrieg größere Unterstützung zu leisten, obwohl Frankreich ihn ebenso wie den Indochinakrieg zu einem antikommunistischen Feldzug erklärte. Die CIA war dort gleichwohl präsent. Es ist nicht endgültig belegt, aber angesichts der eigenen Folterforschung seit dem Beginn der Fünfzigerjahre wahrscheinlich, dass die Agency den dort geführten Schmutzigen Krieg zumindest auswertete. Französische Folterexperten wurden später in jenen lateinamerikanischen Militärdiktaturen gesichtet, die von den USA mithilfe der CIA unterstützt wurden.

Auch in der Suezkrise 1956, die mit der Verstaatlichung des Suezkanals durch den ägyptischen Präsidenten Gamal Abdel Nasser begann, hielt sich Washington zurück. Da das blockfreie Ägypten allerdings ein geostrategischer Schlüsselstaat war, um den im Kalten Krieg Amerikaner wie Sowjets rangen, war die CIA dort entsprechend stark präsent. Über sie wurden bis zum Bruch zwischen Washington und Kairo 1955/56 gewichtige Teile der millionenschweren US-Hilfen abgewickelt.

Die Dynamik der Entwicklung konnte die Agency trotzdem auch hier nicht voraussagen. Im Schatten des Ungarnaufstands am 29. Oktober 1956 griffen zunächst die Israelis den Sinai an, um in der vermeintlichen Gunst der Stunde Nasser zu schwächen, gefolgt von einer britisch-französischen Intervention, die die Verstaatlichung des Suezkanals rückgängig machen sollte. Erst die gemeinsame Initiative Washingtons und Moskaus verhinderte eine weitere Eskalation. Die Kanalzone wurde von UN-Truppen besetzt, blieb aber ein brisanter Hotspot des Kalten Krieges.

Die Gebiete südlich der Sahara rückten für Washington und die CIA ebenfalls erst aus strategischen Gründen in den Fokus, wobei die Konflikte in den an Bodenschätzen reichen Staaten Kongo (Zaïre) und Angola zum Ausgangspunkt wurden. Auch der Kongo, den viele für den Schlüssel zur politischen Beherrschung Zentralafrikas hielten, war 1960 wie andere Kolonien unvorbereitet in die Unabhängigkeit entlassen worden. Die Folge war ein fünfjähriger Bürgerkrieg, in dem nicht nur die verschiedenen Stämme gegeneinander kämpften, sondern auch die Supermächte involviert waren. Für alle erschien das Gebiet so wichtig, dass es keiner kampflos aufgeben wollte.

Für die CIA wurde der Kongo deswegen ab 1960 zum Brennpunkt, als die Nationalbewegung (MNC) unter Patrice Lumumba siegreich aus den Wahlen hervorging, aber der unterlegene Moïse Tschombé die rohstoffreiche Provinz Katanga für unabhängig erklärte. Die US-Regierung hielt Lumumba für prosowjetisch, für den «Castro Afrikas», der tatsächlich aus dem Ostblock Hilfen erhielt. Kuba schickte nicht nur Material, sondern 1965 sogar seine neben Castro wichtigste Revolutionsikone: Che Guevara. Die Agency erhielt deswegen bereits in der NSC-Sitzung am 18. August 1960 die Weisung, Lumumba zu beseitigen, wofür sogar der Chef des Technical Services Staff der CIA, Sidney Gottlieb, persönlich in den Kongo reiste, um Gift zu übergeben.

Der Anschlag misslang, aber der konkurrierende Staatspräsident Joseph Kasawubu fühlte sich nun ermutigt, Lumumba abzusetzen. Als sich kurz danach die kongolesische Armee mit ihrem prowestlichen Stabschef Mobutu Sese-Seko ebenfalls einschaltete und sich damit im Januar 1961 vier einander bekämpfende Regierungen gegenüberstanden, wurde der von Kasawubu oder Mobutu an Tschombé ausgelieferte Lumumba – wohl mit Duldung der CIA – durch dessen Anhänger ermordet.

Die USA förderten danach Mobutu massiv, was vor allem die CIA organisierte. Dessen prowestlich-antikommunistische Demokratische Republik Kongo (seit 27.10.1971: Republik Zaïre) hielt sich bis über das Ende des Kalten Krieges hinaus. Die Agency konnte Zaïre, in das die USA nun jährlich mehrere hundert Millionen Dollar pumpten, auch als Frontstaat und Basis nutzen, um die antikommunistischen Kämpfer der FNLA und UNITA im benachbarten Angola in ihrem Kampf gegen die vom Ostblock unterstützte MPLA zu beliefern.[39] Hier hielt sich der andere zentrale afrikanische Stellvertreterkonflikt sogar bis 1994.

Staatsterrorismus im US-Hinterhof: Guatemala – Kuba – Chile

In Lateinamerika war die Situation prinzipiell ähnlich, mit dem fundamentalen Unterschied, dass die Monroe-Doktrin den gesamten Raum bereits im 19. Jahrhundert zum exklusiven Einflussgebiet der USA erklärt hatte. Hier reagierten die USA so sensibel wie die Sowjetunion in ihrem unmittelbaren Sicherheitsgürtel, was dazu führte, dass die CIA hier in allen Ländern sehr aktiv war und regelmäßig versuchte, unerwünschte Regierungen durch Interventionen zu beseitigen. Klassische Beispiele fanden sich in Guatemala 1954 und Chile 1973. Auf Kuba scheiterte 1961 ein Putsch bereits im Vorfeld.

In Guatemala geriet Präsident Jacobo Arbenz Guzmán 1950 mit sozialistischen Reformen, die die Umverteilung des Bodens, aber auch die Enteignung der US-Firma United Fruit Company einschlossen, sowie ebenfalls mit Waffenbestellungen im Ostblock ins Visier. Am 9. Dezember 1953 startete die CIA deswegen auch hier den Umsturz. Die Operation erhielt den Namen SUCCESS. Ähnlich wie kurz zuvor im Iran waren mit Carlos Castillo Armas bereits ein proamerikanischer Nachfolger bereitgestellt und in Nicaragua die für den Putsch notwendigen Einheiten ausgebildet worden.

Anders als im Iran verlief der CIA-Putsch in Guatemala reibungslos. Castillo Armas machte wie gewünscht die Reformen seines Vorgängers rückgängig, womit auch die Besitzungen der United Fruit unangetastet blieben. Als Belohnung flossen auch hier um bis zu 60 Prozent erhöhte Hilfen, die vor allem in den Krieg mit linksgerichteten Guerillas investiert wurden.[40] Dies änderte sich bis zum Ende des Kalten Krieges nicht, obwohl Castillo Armas seine Präsidentschaft nur um drei Jahre überlebte. Nachdem er 1957 ermordet worden war, versank das Land 1960 in einen jahrzehntelangen Bürgerkrieg, in dem die CIA aktiv blieb.

Im Vergleich mit dem seit 1959 sozialistischen Kuba erschien die Gefährdung aus Guatemala eher gering. Schon Eisenhower war davon überzeugt, dass Fidel Castro ein sowjetischer Agent sei, der versuchen würde, andere Staaten auf seinen Kurs zu bringen. Bereits kurz nach dem Sieg der Revolution begann die CIA daher mit Vorbereitungen für die Ermordung des «Maximo Lider». Parallel dazu wurden auch jene 13 Millionen Dollar für den Umsturz auf Kuba freigegeben, mit denen unter Kennedy die Operation ZAPATA, die Invasion in der Schweinebucht, startete.[41] Die von der CIA vorgesehenen rund 1600 Putschisten waren im gerade gesicherten Guatemala ausgebildet worden.[42] Allerdings scheiterte die «Brigade 2506» («La Brigada Asalto»), an deren Spitze der CIA-Agent Grayston L. Lynch der offiziellen CIA-Historiographie nach «den ersten Schuss» abgab, am 15. April 1961 schon beim Landungsversuch. Ein entscheidender Grund war die fehlende Luftunterstützung. Aber auch die zuvor in der OPERATION 40 nach Kuba eingesickerten «Schläfer», die im Land eine Revolution auslösen sollten, hatten keine Chance. Anders als Batista, dessen Präsidentschaft mithilfe der Mafia und der CIA 1952 noch durchgesetzt werden konnte, war Castro keineswegs so verhasst, wie man in der Agency glaubte.

Ein Ende der Pläne bedeutete dies nicht. Seit November 1961 wurden unter der Führung des zuvor in Südostasien einschlägig tätigen Edward Lansdale neue Vorbereitungen getroffen. In der Operation MONGOOSE arbeiteten schließlich einige Hundert CIA-Mitarbeiter weiter an der Destabilisierung Kubas durch Propaganda, Sabotage und Attentate, von denen die CIA bis heute acht eingeräumt hat.[43] Erst die Kubakrise 1962, die wegen der Stationierung von sowjetischen Atomraketen auf der Insel die Welt so nahe wie niemals zuvor an den Rand eines Nuklearkriegs führte und erst durch einen Handel zwischen Kennedy und Chruschtschow gelöst wurde, ließ viele Planungen enden. Die CIA, deren U-2-Aufklärer die Raketen erst entdeckt hatten, kostete die Abmachung nach den berühmten «13 Tagen» das Versprechen, keine Invasionen auf Kuba mehr durchzuführen.

Wie so häufig in der CIA-Geschichte blieb einiges dennoch erhalten. Noch bis 1968 sendete die auf dem Gelände der University of Miami gelegene CIA-Radiostation «JMWAVE» als Teil der mit 300 Mitarbeitern und einem 50-Millionen-Budget ausgestatteten CIA-»Cover Company» Zenith Technical Enterprises.[44] Noch 1985 wurde mit «Martí» sogar eine ganz neue Radio- und schließlich Fernsehstation (ab 1990) aufgebaut, die noch heute in Betrieb ist. Erst 1970 wurde durch Zufall entdeckt, dass sogar die OPERATION 40, das CIA-»Schläfer»-Projekt für Kuba, immer noch aktiv geblieben war. Eines ihrer

Flugzeuge, das Rauschgift wohl zur Finanzierung ihrer Projekte auf Kuba transportierte, war in Kalifornien abgestürzt. Seit Ende des Jahres 2015 wurden allerdings die Embargomaßnahmen gelockert.

Noch unter Kennedy starteten 1962 auch die ersten CIA-Operationen in Chile, um dort eine weitere sozialistische Regierung in Lateinamerika zu verhindern. Die Kampagnen gegen Salvadore Allende erreichten Anfang der Siebzigerjahre ihren Höhepunkt. Wie in Guatemala spielten auch hier nicht nur politische, sondern harte ökonomische Gründe eine zentrale Rolle. Der chilenische Kupferbergbau und die Telekommunikation waren zu erheblichen Teilen in US-Besitz. Die vom 303 Committee, dem NSC-Gremium, das damals für die Genehmigung von Verdeckten Operationen zuständig war, freigegebenen rund drei Millionen Dollar flossen in zwielichtige bis illegale Maßnahmen. Für sie war bis 1966 maßgeblich Richard Helms verantwortlich, der danach zum Chef der CIA aufstieg.[45] Sie sorgten dafür, dass schon bei den Wahlen im September 1964 die proamerikanischen Christdemokraten unter Eduardo Frei Montalva siegten.

Allerdings versagten bei den 1970 folgenden Abstimmungen die Mittel des CIA Clandestine Service unter Helms' Nachfolger, Thomas Karamessines. Den Sieg der chilenischen Linken hielt man in Langley wieder für ein «neues Kuba», worauf US-Präsident Richard Nixon zehn Millionen Dollar für die CIA-Operation FUBELT genehmigte, die diesmal Allende endgültig beseitigen sollte.[46] FUBELT verband politisch-wirtschaftlichen Druck mit massiver Einschüchterung der Parteigänger Allendes. Dieser von der CIA als «Track I» bezeichnete Teil sollte mit einem Putsch («Track II») abgeschlossen werden, über den Nixon nicht einmal das für die Verdeckten Operationen zuständige 40 Committee informierte.

Zum Höhepunkt wurde die von der CIA angeleitete, aber misslungene Entführung des Allende-treuen Generalstabschefs, René Schneider Chereau, kurz vor der Bestätigung Allendes im chilenischen Kongress. Schneider starb am 25. Oktober 1970, wenige Tage nach dem Angriff, an seinen schweren Schussverletzungen. Der Tod Allendes am 11. September 1973, während des vom Oberbefehlshaber des Heeres, Augusto Pinochet Ugarte, angeführten Staatsstreichs, konnte zwar niemals ganz geklärt werden, aber wahrscheinlich beging er während der Bombardierung des Präsidentenpalasts Selbstmord.

Auch hier engagierte sich die CIA in der nun folgenden Militärdiktatur unter Pinochet, die mindestens 2279 Ermordete und «Verschwundene» forderte, vor allem in der Ausbildung des neuen, nach CIA-Vorbild organisierten chilenischen Geheimdiensts DINA unter Manuel Contreras und finanzierte weitere Geheimoperationen.[47] Wie intensiv die CIA im Einzelfall involviert war, bleibt allerdings bis heute unklar. Strittig ist auch ihr Wissen über geheime Lager, wie die berüchtigte Colonia Dignidad. Auch ihre Beteiligung an der bis weit in die Achtzigerjahre reichenden Operation CONDOR ist nicht geklärt. CONDOR war eine Gemeinschaftsoperation lateinamerikanischer Geheimdienste, um linke Gruppen auszuschalten, die auch auf einschlägig politisch belastete Antikommunisten, etwa auf Klaus Barbie, den ehemaligen Gestapochef von Lyon, zurückgriff. Sicher ist nur, dass die CIA dafür zumindest «technische Hilfe» leistete.

Alles dies wurde Mitte der Siebzigerjahre öffentlich, als die Untersuchungsausschüsse des US-Kongresses die Agency für Jahre in die Defensive brachten. Noch kurz vor dem Ende des Kalten Krieges 1988/89 waren die USA allerdings in vier lateinamerikanischen Staaten an Verdeckten Kriegen beteiligt: in Guatemala, El Salvador, Costa Rica und Honduras.

5. In der Defensive 1974–1980

Die «Familienjuwelen»

Die CIA war zwar auch vor 1970 immer wieder und zum Teil heftig in die Kritik geraten. Aber erst vor dem Hintergrund der tiefen Unzufriedenheit der Amerikaner über den Verlauf des

Vietnamkriegs und aufgrund der Empörung, dass die Agency selbst die eigene Bevölkerung ausgespäht hatte, begannen offizielle Untersuchungen. «The Times of Troubles», wie diese Jahre in der Agency genannt wurden, endeten erst, als Ronald Reagans Intelligence Reform-Gesetz ihr 1981 wieder mehr Freiraum einräumte. Die fast 700 Seiten Akten über «fragwürdige Aktivitäten» mit der internen CIA-Bezeichnung «Family Jewels», für deren Zusammenstellung der DCI James Schlesinger 1973 sorgte, wurden erst 2007 nach langem Kampf mit Langley der Öffentlichkeit zugänglich gemacht.

Mitte 1970 war der US-Senat durch einen Whistleblower, den Armeegeheimdienstoffizier Christopher Pyle, darüber informiert worden, dass die CIA im Inland illegal die Friedensbewegung, Parteien, Studentenorganisationen und die Bürgerrechtsbewegung überwachte. Erste Ermittlungen führte der demokratische US-Senator und Bürgerrechtsaktivist Sam Ervin, der als Vorsitzender des Judiciary Subcommittee on Constitutional Rights Pyle als Assistenten einstellte.

Im folgenden Jahr griffen US-Zeitungen das Thema auf, unter ihnen die *Washington Post*, die wenig später auch den Watergate-Skandal auslöste, der die CIA zusätzlich in Bedrängnis brachte. Nun wurde öffentlich, dass die CIA schon seit den Fünfzigerjahren illegale Operationen innerhalb der USA führte. Unter dem Codenamen HTLINGUAL (auch: SRPOINTER, CI-Project, KMSOURDOUGH) öffnete die Agency schon seit 1952 über 200 000 Briefe von US-Bürgern, was CIA-intern unter die Formel «flaps and seal» fiel.[48] Im Zentrum standen Sendungen, die aus den USA in kommunistische Staaten verschickt wurden. Aber auch der Briefverkehr allgemein politisch Verdächtiger wurde kontrolliert, so der des Schachprofis Bobby Fischer, des Chemienobelpreisträgers Linus Pauling, des Schriftstellers John Steinbeck oder des Bürgerrechtsaktivisten Martin Luther King.

Für den Betrieb der illegalen, aber vom Weißen Haus genehmigten Überwachungsprogramme schuf die CIA 1964 sogar eine eigene Abteilung, die Domestic Operations Division (DOD). Sie sollte insbesondere die Ausspähung der Antikriegsbewegung gewährleisten, die seit 1959 mit der Operation CHAOS gestartet war. Von James Angleton geleitet, führte man seit 1965 Namen und Gewohnheiten von US-Bürgern in einer HYDRA genannten Datenbank zusammen, die auch sogenannte Watchlists mit Bewegungsprofilen enthielt. Ähnlich ausgerichtet waren Operationen wie MERRIMAC und RESISTANCE.

Zum wirklichen Skandal wurde alles dies aber erst nach einer Berichtserie von Seymour Hersh in der *New York Times* 1974. Sie hatte schon drei Jahre vorher mit der Veröffentlichung der vom Whistleblower Daniel Ellsberg, einem Mitarbeiter der RAND Corporation, gelieferten sogenannten Pentagon-Papiere gezeigt, dass die US-Regierung – anders als sie behauptete – seit den Fünfzigerjahren mit Hilfe der CIA einen Verdeckten Krieg in Südostasien führte, der bewusst den offenen militärischen Konflikt in Kauf nahm.

Hershs Recherchen hatten 1969 bereits das berüchtigte Massaker amerikanischer Soldaten an vietnamesischen Zivilisten im vietnamesischen Dorf My Lai öffentlich gemacht. Nun enthüllte er die Operation CHAOS und weitere CIA-Geheimoperationen, einschließlich Mord und Umsturz. Neben vielen anderen illegalen Aktivitäten entdeckten die Untersuchungsausschüsse, dass die Agency es auch mit der US-Entwicklungshilfe nicht so genau nahm und sie auch zur Unterstützung der FNLA in Angola verwandte. Dieser Praxis schob das Hughes-Ryan Amendment 1974 einen Riegel vor, doch bereits die Reform des Intelligence Oversight-Gesetzes 1980 hebelte dies wieder aus.

Die Skandalserie fegte nicht nur Nixon aus dem Amt. Fünf der sieben Einbrecher, die in das Büro der Demokratischen Partei im Washingtoner Watergate-Komplex, aber auch in die Praxis des Psychiaters von Ellsberg eingebrochen waren, fanden sich auf der CIA-Gehaltsliste und wurden nun entlassen. Neben den CIA-Mitarbeitern wie E. Howard Hunt oder James Walter McCord, mussten allerdings auch der ehemalige DCI, Richard Helms, und der für MKULTRA und seine Nachfolger zuständige TSS-Chef, Sidney Gottlieb, sowie der Chef der Domestic Operations Division (DOD), James Angleton, aus dem Amt scheiden.

Wohl mehr als alles andere machte die Entlassung Angletons,

der in Italien den Mythos der CIA mitbegründet hatte, klar, dass eine Ära zu Ende ging. Angleton war schon seit der Enttarnung des Doppelagenten Kim Philby 1963 aufgrund seiner wachsenden Paranoia vor Unterwanderung problematisch geworden. Dass seine Sorgen nicht unbegründet waren und die Gefahr auch nach dem Abschluss der «Family Jewels»-Affäre vor allem durch das «Outsourcing» von Aufgaben an Fremdfirmen wuchs, zeigte sich kurz nach dem Ende der CIA-Affäre mit zwei gravierenden Spionagefällen 1977/78: Christopher John Boyce («Falcon») hatte als Mitarbeiter einer CIA-Vertragsfirma zusammen mit seinem Komplizen Andrew Daulton Lee («Snowman») versucht, geheime Unterlagen an die sowjetische Botschaft in Mexico City zu verkaufen. Der im ECHELON-Projekt beschäftigte William Kampiles übergab Moskau geheime Unterlagen zu Spionagesatelliten.

Zum sprichwörtlichen «Year of Intelligence» wurde 1975, als der US-Kongress umfangreiche Untersuchungen anordnete, die im Nedzi-, Pike- und Church Committee bis 1976 andauerten. Der Nachfolger Nixons, Gerald Ford, verpflichtete zusätzlich die Rockefeller Commission. Das am 27. Januar 1975 eingesetzte, wichtigste und in seiner Hoch-Zeit mit 155 Mitarbeitern außergewöhnlich gut ausgestattete Church Committee wies in seinem am 26. April 1976 vorgelegten Abschlussbericht auf Basis von rund 110 000 Seiten Zeugenaussagen detailliert nach, dass die CIA seit ihrer Gründung 1947 in eine Fülle von illegalen Aktivitäten verwickelt war:[49] Neben der Ausspähung eigener Bürger zeigte er gezielte politische und gesellschaftliche Diskreditierung, Morde und sogar Menschenversuche mit Drogen und Folter. Der Vorsitzende des Church Committee, Senator Frank Church aus der Demokratischen Partei, bezeichnete die CIA als einen «Amok laufenden, bösartigen Elefanten», der die Demokratie gefährde.

Fords versuchter Neustart begann mit erneuten Entlassungen, dem sogenannten Halloween Massacre am 4. November 1975. Er verabschiedete den amtierenden DCI, William Colby, den er durch George Bush ersetzte, außerdem Nixons ehemaligen Sicherheitsberater, Henry Kissinger, sowie Verteidigungsminister James Schlesinger. Mit der EO 11905 veranlasste Ford am 18. Februar 1976 zudem drei zentrale organisatorische Änderungen: (1.) Es entstand das National Security Committee on Foreign Intelligence unter Vorsitz der CIA. (2.) Das für die Kontrolle der Verdeckten Operationen zuständige 40 Committee wurde durch eine Operations Advisory Group ersetzt, in der neben der CIA und dem Außen- und Verteidigungsministerium auch das Weiße Haus vertreten war. (3.) Aufgrund der bekannt gewordenen illegalen Aktivitäten der Agency etablierte man ein Intelligence Oversight Board, das für die Zukunft jede Überschreitung der Befugnisse sofort dem Generalstaatsanwalt und dem Präsidenten zu melden hatte. Darüber hinaus verbot EO 11905 der CIA nun explizit Attentate.

Die von Fords Nachfolger, Jimmy Carter, 1978 unterzeichnete EO 12036 erweiterte die Aufsicht sogar noch. Neben das Special Coordination Committee, das die erst kurz davor entstandene Operations Advisory Group ersetzte, wurde nun zusätzlich ein hochrangiges Policy Review Committee zur Kontrolle der Geheimdienste aus der Taufe gehoben. In ihm waren neben dem DCI der Vizepräsident, der Außen- und Verteidigungsminister sowie der Chef der JCS und der Berater des Präsidenten für Nationale Sicherheit vertreten. Darüber hinaus entstand das National Foreign Intelligence Board (NFIB) als weitere Kontrollinstanz.

Die EO 12036 unterstrich vor allem, dass auch die Geheimdienste den US-Gesetzen unterworfen seien, was allerdings gleichzeitig hieß, dass Ausländer nicht geschützt waren. Diese Regelungen gingen noch 1978 in das Foreign Intelligence Surveillance-Gesetz ein. Viele Einschränkungen hielten allerdings nur bis zum Amtsantritt Ronald Reagans. Vor allem das Intelligence Reform-Gesetz erweiterte die CIA-Befugnisse wieder in erheblichem Ausmaß. Rückblickend schufen sie sogar die Basis für die nach den Anschlägen des «9/11» erlassenen Freibriefe für die Agency, zu denen heute an erster Stelle der Patriot Act (2001) und der Protect America Act (2007) gehören.

Entspannung als Waffe

Die «Familienjuwelen-Affäre» fiel in eine Zeit, in der nach dem Vietnamkrieg offensive außenpolitische Konzepte so diskreditiert waren, dass die Einschränkung der CIA-Arbeit weniger auffiel. Die Siebzigerjahre wurden die Hoch-Zeit der Détente. Entspannung war für die Beteiligten allerdings niemals ein Selbstzweck. Sie war der Versuch, einen Ausweg aus einer politisch-wirtschaftlichen Zwangslage zu finden, ohne die eigene Sicherheit aufs Spiel zu setzen, wollte aber gleichzeitig die Chancen nutzen, die andere Seite zu schwächen.

Die CIA war darin erfahren. Als sie in den Fünfzigern die «Geheimrede» Chruschtschows im Ostblock bekannt machte, hatte sie möglicherweise der Unzufriedenheit in Ungarn vor der Revolution sogar einen neuen Schub gegeben. Nun bot sich die nächste große Chance, als am 1. August 1975 die KSZE-Schlussakte von Helsinki von den USA und der UdSSR unterschrieben wurde. Sie bot zwar die von den Sowjets erhoffte wirtschaftliche Kooperation, verpflichtete sie aber gleichzeitig, mehr Freizügigkeit zuzulassen.

Schon während der Präsidentschaftswahlen gegen Ford, für den sich zahlreiche CIA-Mitarbeiter aktiv engagierten, setzte dessen demokratischer Herausforderer, Carter, 1976 auf das Thema. Aber auch die Republikaner, die im Wahlkampf die Entspannungspolitik noch als den falschen Weg im Kalten Krieg verdammten, sahen mittelfristig große Chancen, über die KSZE-Schlussakte Moskau zu diskreditieren. Ironischerweise wurde nach dem Sieg der Demokraten die Idee, die Menschenrechte als Teil des «ideologischen Kampfes mit der Sowjetunion» zu nutzen, wie Carter auf seiner Pressekonferenz am 24. März 1977 erklärte, auch für die CIA zum Ausweg aus der Defensive.[50]

Carter bestand nach seinem Amtsantritt 1977 konsequent auf den sowjetischen Zusagen. Informationsfreiheit bedeutete, dass Moskau nun in seinem Machtbereich selbst Radio- und Fernsehsendungen des Westens, sogar die verhassten Stationen von RIAS, RFE oder RL zulassen und auf das «Jamming», die Störsender, verzichten musste. Gleichzeitig gab Carter auf Empfehlung seines Beraters Zbigniew Brzezinski der CIA den Auftrag, in Ostmitteleuropa den Widerstand aktiv zu unterstützen. Druck- und Faxmaschinen sowie Kassettenrekorder wurden geliefert, um Samisdat-Literatur – die von oppositionellen Gruppen selbst gedruckten Flugblätter und Schriften –, aber auch Mitschnitte von Konzerten und Reden – bekannt unter dem Begriff Magnitisdat – zu verbreiten. Gleichzeitig sorgte Langley nun wieder selbst verstärkt für eigene Publikationen «hinter dem Eisernen Vorhang». Dazu gehörten Bücher verbotener Schriftsteller, wie George Orwell, Václav Havel oder Alexander Solschenizyn, aber immer wieder auch Bibeln.

Parallel dazu forcierte die Agency im Westen die Veröffentlichung von im sowjetischen Machtbereich entstandener, aber dort verbotener «Tamisdat»-Literatur. Schon 1957 hatte die CIA mit der Veröffentlichung des Romans *Doktor Schiwago* von Boris Pasternak im Westen einen Coup gelandet. Die politische Bedeutung wurde für alle sichtbar, als man Pasternak 1958 den Literaturnobelpreis verlieh und das Buch acht Jahre später von Hollywood verfilmt wurde und fünf Oscars erhielt. Neben der Sowjetunion rückten für die CIA nun aber auch Polen und die ČSSR in den Fokus.

Regelmäßig wurden nun auch Treffen mit Dissidenten im Ostblock – etwa mit Andrej Sacharow und seiner Ehefrau Jelena Bonner von der Moskauer «Helsinki-Gruppe zur Verteidigung der Menschenrechte» – zu Pflichtterminen für ausländische Journalisten, was Moskau ebenfalls nur selten verhindern konnte. Im Zweifelsfall sorgte die CIA dafür, dass ihre Verlautbarungen im Westen bekannt wurden. Neben dem 1974 ausgewiesenen regimekritischen Literaturnobelpreisträger Alexander Solschenizyn, der zwei Jahre später in die USA übersiedelte, wurde Wladimir Bukowski, der den systematischen Einsatz der Psychiatrie gegen Oppositionelle öffentlich machte, zum Star im Westen. Carters Nachfolger Ronald Reagan setzte das nicht nur fort, sondern erweiterte das Konzept, indem er nun auch gezielt Vertreter radikaler antikommunistischer Emigrantengruppen, wie den Ukrainer Jaroslaw Stetzko von der OUN, empfing.

Moskau konnte die Informationsflut in den und aus dem

Westen nicht verhindern, genau so, wie es Edmond Taylor, ein mit der CIA eng verbundener Spezialist für die Psychologische Kriegsführung, anlässlich des Mauerbaus 1961 vorausgesagt hatte.[51] Die Hilflosigkeit der UdSSR zeigte sich in Althergebrachtem: Man reagierte mit Ausweisung, Verbannung, mit Störsendern und schließlich – im Fall Polen – mit der Verhängung des Kriegsrechts. Die Entspannungspolitik erwies sich so, wie auch die CIA es angestrebt hatte: als Stärkung des politischen Widerstands im Ostblock. Alles dies wurde nach den gescheiterten Reformversuchen des 1985 angetretenen neuen sowjetischen Generalsekretärs, Michail Gorbatschow, zur Grundlage für den Untergang des gesamten Ostblocks 1991.

Die Geiselkrise im Iran

Langfristig erwies sich so die auch von der CIA zunächst als neues Appeasement erbittert bekämpfte Détente als Erfolg. Doch dies lag in den Siebzigern noch in weiter Ferne. Stattdessen wurde die Besetzung der US-Botschaft in Teheran am 4. November 1979, bei der die Mitarbeiter für über ein Jahr zu Geiseln von radikalen Islamisten wurden, zur nächsten Niederlage der Agency. Die CIA war tief in die Vorgeschichte verstrickt, die bis 1953 zurückreichte. Jetzt, über 25 Jahre später und nachdem der Schah die laizistische Umgestaltung der konservativ-islamischen Gesellschaft gegen alle innenpolitischen Widerstände mit Duldung der US-Regierung vorangetrieben hatte, konnte die CIA seinen Sturz nicht verhindern. Insbesondere auf die blutigen Proteste, die im Januar 1979 der Aufnahme des Schahs in die USA folgten, war man in Langley nicht vorbereitet. Auch hier fehlte der Einblick in die interne Entwicklung.

Die Teheraner US-Botschaft war bereits am 14. Februar 1979 kurzzeitig besetzt worden. Ein Dreivierteljahr später folgte die 444 Tage dauernde Geiselnahme von über fünfzig US-Botschaftsangehörigen. Die meisten wurden bis zum Januar 1981 festgehalten. Eine Ausnahme bildeten sechs Mitarbeiter, die von den Geiselnehmern übersehen worden waren und in die kanadische Botschaft fliehen konnten. Sie wurden am 27. Januar 1980 von der CIA in der bühnenreifen Operation CANADIAN CAPER als angebliche Filmcrew außer Landes gebracht. Insgesamt aber blieben auch der Agency die Hände gebunden, wollte man nicht einen militärischen Konflikt riskieren.

Die Schwäche der USA war offensichtlich, zumal im Dezember 1979 die UdSSR trotz mehrfacher Warnung aus Washington in Afghanistan einmarschierte. Primär an die Sowjetunion gerichtet war deshalb die am 23. Januar 1980 verkündete «Carter-Doktrin», in der jeder Versuch einer auswärtigen Macht, die Erdölversorgung des Westens in diesem Gebiet zu stören, zum Kriegsgrund erklärt wurde. Die am 24. April 1980 begonnene, dann aber gescheiterte Operation EAGLE CLAW zur Befreiung der Geiseln, bei der sogar hochgeheime CIA-Dokumente verlorengingen, sollte hingegen eigentlich der US-Bevölkerung ein Signal der eigenen Stärke geben. Daher endete die Geiselnahme erst, als im Januar 1981 mit algerischer Vermittlung die verbliebenen Amerikaner im Tausch gegen die Freigabe eingefrorener iranischer Konten in die USA zurückkehren konnten.

Wenngleich die Geiselnahme speziell auch für die Agency eigentlich eine weitere katastrophale Niederlage war, in ihrer Vergangenheitspolitik wurde sie zumindest teilweise zur Erfolgsgeschichte umgedeutet. Tony Mendez, jener CIA-Agent, der die Operation CANADIAN CAPER organisiert hatte und dafür noch 1980 hinter verschlossenen Türen mit dem «Intelligence Star of Valor» der Agency dekoriert worden war, wurde anlässlich des fünfzigsten Jubiläums der CIA 1997 als «Master of Disguise» gefeiert. Auch der 15 Jahre später mit CIA-Unterstützung entstandene Film *Argo* präsentierte den Triumph.

Die offensichtliche peinliche Überforderung Langleys in der Geiselnahme 1979 war umso unangenehmer, als die Agency an anderen Fronten besser auftrat. Das war in Lateinamerika, wo man in Nicaragua die Sandinisten bekämpfte, ebenso zu beobachten wie in Afghanistan, dem Nachbarland des Iran. Hier begann die CIA bereits Mitte 1978, wie man aus den Memoiren von Carters Berater Brzezinski weiß, auf Anweisung des Präsidenten damit, jene Gruppen zu unterstützen, die sich gegen die von Moskau installierte kommunistische Regierung unter Mohammed Taraki und Hafizullah Amin wehrten. Die CIA lieferte in der Operation CYCLONE umfangreiche finanzielle, logistische und schließlich auch militärische Unterstützung. Rund ein Dutzend Geheimoperationen sind nachgewiesen.[52] Mit dem sowjetischen Einmarsch in Afghanistan Ende 1979 erhöhte sich die Hilfe signifikant und nahm besonders stark mit dem Amtsantritt Reagans im Januar 1981 zu.

Parallel dazu rächten sich die USA für die Geiselnahme in Teheran, indem sie in dem 1980 beginnenden irakisch-iranischen Krieg Saddam Hussein unterstützten. Der Diktator in Bagdad erhielt seit Frühjahr 1982 amerikanische Waffen, aber vor allem auch unverzichtbare Geheimdienstinformationen. Zudem lieferte Washington ihm verdeckt die Grundstoffe für jene Massenvernichtungswaffen, die nach dem Kalten Krieg als Bedrohung der US-Sicherheit galten und 2003 sogar als Begründung für den Dritten Golfkrieg dienen sollten.

Wendepunkt Afghanistan

In Afghanistan zeigte sich deswegen eine überraschende Koalition. Die CIA stand an der Seite der konservativen islamischen Geistlichkeit, die mithilfe der Stämme den Widerstand organisierte. Diese stellten auch die etwa dreißig Guerillagruppen der sogenannten Mudschaheddin, die nach der sowjetischen Invasion gegen Moskaus Truppen kämpften. Nach und nach kamen weitere Unterstützer hinzu, so die US-Verbündeten Türkei, Pakistan und Saudi-Arabien, aber auch das blockfreie Ägypten sowie China und schließlich sogar der Iran.

Dass die Sowjets am 25. Dezember 1979 trotz fünfmaliger Warnung aus Washington in Afghanistan einmarschierten, sah man zwar in der CIA als weiteren Ausdruck amerikanischer Schwäche, aber auch als Unsicherheit in Moskau. Man wusste, dass der Kreml ein Übergreifen des Islamismus in muslimische Sowjetrepubliken fürchtete, nach Usbekistan, Tadschikistan, Kirgistan, Turkmenistan und Tschetschenien. Wie man heute weiß, glaubte der amtierende KGB-Chef Juri Andropow, dass man angesichts der CIA-Aktivitäten in Afghanistan, die Moskau nicht verborgen geblieben waren, ohnehin im Verzug sei. Tatsächlich bezeichnete die *Prawda* Amin als einen «blutrünstigen Agenten des US-Imperialismus».[53] Zwei Tage nach dem Einmarsch der Sowjets wurde er durch ein KGB-Kommando liquidiert.

Die CIA blieb wie die US-Regierung bis zwei Tage vor dem Einmarsch ahnungslos. Erst als die NSA sowjetische Funksprüche der vor der afghanischen Grenze wartenden Truppen abfing, war klar, dass die Invasion bevorstand. Gleichzeitig unterschätzte man weiterhin die innere Schwäche der UdSSR, die Moskau in einem andauernden Alarmzustand hielt und Kurzschlusshandlungen nicht ausschloss. Im Herbst 1983 häuften sie sich. Im September schoss die sowjetische Luftwaffe ein ziviles koreanisches Verkehrsflugzeug (KAL 007) in der Annahme ab, es handele sich um eine amerikanische Spionagemaschine. Im folgenden Monat verhinderte nur die Umsichtigkeit des diensthabenden Offiziers, Stanislaw Petrow, den vom Frühwarnsystem empfohlenen Start von Atomraketen. Im November 1983 hielt man in Moskau das NATO-Manöver «Able Archer» für einen bevorstehenden Angriff, wie der seit 1974 auch für das britische MI6 tätige KGB-Offizier Oleg Gordijewski berichtete.[54]

Reagan, der sich wie Carter von Brzezinski beraten ließ, setzte in Fortsetzung von CYCLONE auf die großangelegte Unterstützung antikommunistischer Kräfte vor allem in der Dritten Welt. Das Konzept ging später als «Reagan-Doktrin» in die Geschichte des Kalten Krieges ein. Die CIA koordinierte bis zum Sieg der Mudschaheddin über die sowjetischen Truppen 1988 das milliardenschwere Hilfsprogramm in Afghanistan. Wie groß es genau war, ist unklar. Wahrscheinlich investierte allein die Agency zwischen 1978 und 1989 etwa 2,7 Mrd. Dollar, wobei das meiste Geld in den Jahren zwischen 1986 und 1988 floss.[55] Aber auch nach dem sowjetischen Abzug wurden allein von der Agency bis 1992 noch rund 730 Mio. Dollar für Afghanistan aufgeboten. Die Gesamtsumme der amerikanischen Ausgaben belief sich wohl auf rund sieben Mrd. Dollar.

In Pakistan sorgte der von der CIA unterstützte Geheimdienst ISI dafür, dass das Material Afghanistan erreichte.

CYCLONE samt seinen Nachfolgern wurde eine der teuersten Einzeloperationen Langleys und zeigte sich zunächst als Erfolg. Entsprechend deutlich stehen sie heute im Mittelpunkt der CIA-Vergangenheitspolitik, wie das dortige Exhibit Center eindrucksvoll zeigt. Hier findet sich die heroische Darstellung eines Mudschaheddin, der mit einer jener Stinger-Boden-Luft-Raketen, die die Agency in großen Mengen lieferte, einen sowjetischen Kampfhubschrauber abschießt. Erst nach den Anschlägen vom 11. September 2001 wurde die Bewertung kritischer. Die Operationen erschienen nun eher als Vorspiel zur «9/11»-Tragödie. In der Interpretation der CIA blieb der Beginn von CYCLONE 1978 trotzdem der endgültige Abschied aus der Defensive.

6. Wieder in der Offensive 1981–1991

Das Intelligence Reform-Gesetz

Mit dem Amtsantritt Reagans bekam die CIA nach der für sie katastrophalen Entwicklung der Siebzigerjahre endgültig wieder Oberwasser. Als neuer DCI wurde William J. «Bill» Casey bestellt, ein enger Freund des Präsidenten und Mitglied seines «Küchenkabinetts», der bereits dessen Wahlkampf 1980 organisiert hatte. Er blieb DCI, bis ihn 1987 die Iran-Contra-Affäre und sein Gesundheitszustand zum Rücktritt zwangen. Reagan und Casey stimmten nicht zuletzt in der Auffassung überein, die CIA wieder zu einem global schlagkräftigen Instrument amerikanischer Außenpolitik zu machen. Legendär wurden ihre Vier-Augen-Gespräche, in denen neue Verdeckte Operationen zur Schwächung des Ostblocks abgesprochen wurden. Caseys dafür eingerichtetes «Deception Committee» wurde ein weiterer wichtiger Teil des CIA-Mythos.

Reagan öffnete mit der EO 12333 die CIA-Befugnisse weiter und sorgte zudem dafür, dass die Agency in der neu eingerichteten Intelligence Community (IC) den Vorsitz erhielt. Eine solche Reform, die die Zusammenarbeit der Geheimdienste verbessern sollte, war bereits 1955 in der geheimen *Clark Study* angemahnt worden. Die Struktur änderte sich erst wieder mit dem Inkrafttreten des Intelligence Reform and Terrorism Prevention-Gesetzes 2004, das die Befugnisse nach der desaströsen Arbeit der Geheimdienste im Vorfeld der terroristischen Angriffe des «9/11» 2001 erneut aufteilte und sogar die CIA einem Director of Intelligence (DNI) unterstellte.

Fast unbeachtet von der Öffentlichkeit blieben 1982 das Classified Information Procedures-Gesetz (CIPA) und zwei Jahre später das CIA Information-Gesetz, die es beide der Agency überließen, welche ihrer historischen Dokumente für die Öffentlichkeit freigegeben wurden. Dies führte trotz des seit 1967 vorbildlichen Freedom of Information-Gesetzes und der im Zuge des «Familienjuwelen»-Skandals durchgesetzten weiteren Liberalisierungen zu einer weitgehenden Schließung des CIA-Archivs. Erst die von Präsident Clinton 1995 erlassene EO 12958 schränkte die «Überklassifizierung» wieder ein und erzwang zumindest die Herausgabe von Akten von «bleibendem historischen Wert».[56] Sie bildete die Basis der 2000 eröffneten CREST-Datenbank, in der jeder Interessierte bis heute freigegebene CIA-Akten einsehen kann.

Reagan sah seine Politik, die trotz aller Rhetorik in vielen Punkten an Carter anknüpfte, vor allem als Rückgriff auf das «stolze Jahrzehnt» der Fünfzigerjahre und die damalige Offensive gegen den Kommunismus. Am deutlichsten wurde das 1983, als er dem mit der CIA eng verbundenen Theoretiker der Befreiungspolitik, James Burnham, die höchste zivile Auszeichnung der USA verlieh, die «Medal of Freedom». Burnham hatte unter anderem für die CIA den Congress for Cultural Freedom mitorganisiert, in dem sich in den Fünfzigern und Sechzigern weltweit antikommunistische Intellektuelle sammelten.

Deutlich war auch Reagans geistige Verwandtschaft mit den Brüdern John Foster und Allen Dulles, dem ehemaligen Außenminister und dem einstigen CIA-Chef, und mit deren quasireligiöser Deutung des Kalten Krieges. Sie fand sich in öffentlichen Äußerungen des Präsidenten kontinuierlich; insbesondere in seiner berühmten Orlando-Rede am 8. März 1983.

Seine «Reagan-Doktrin» brachte dann fast auf den Tag genau drei Jahre später die zentrale politische Richtung auf den Punkt: «Zuerst», so führte er am 14. März 1986 aus, «müssen wir der arroganten sowjetischen Anmaßung, die als Breschnew-Doktrin bekannt ist, gegenübertreten: der Behauptung, dass sowjetische Gewinne unumkehrbar sind ... Der zunehmende Reiz von Demokratie, der Wunsch aller Nationen nach wirklicher Unabhängigkeit, sind die hoffnungsvolle Basis für eine neue Welt von Frieden und Sicherheit in das nächste Jahrhundert hinein. ... Um diese Ziele zu fördern, besitzt Amerika eine Reihe von außenpolitischen Werkzeugen. Unsere Einmischung sollte immer klug und realistisch sein, aber wir sollten im Auge behalten, dass unsere Werkzeuge am besten arbeiten, wenn sie in einer kohärenten Strategie zusammengefasst und konsistent angewendet werden. Die zwei Werkzeuge ... sind unsere eigene militärische Stärke und die Vitalität unserer Wirtschaft.»[57] Erster Schwerpunkt sollte die Dritte Welt, der zweite Europa sein.

Die Geheimdienstreformen mit der seit 1981 organisierten Stärkung der CIA fügten sich in die Vorbereitung dieser Offensive, die die Achtzigerjahre zum Höhepunkt und – wie man heute im Rückblick weiß – zur Endphase des Kalten Krieges werden ließen. Zwar unterstrich das Intelligence Reform-Gesetz erneut das Verbot, Attentate durchzuführen, wenngleich es den Begriff der «Assassinations» nicht definierte. Trotzdem kam es für die gesamte IC einer Erlösung gleich.

Es bestätigte der CIA, dass sie außerhalb der USA für Spionage und Spionageabwehr und die Bekämpfung des Drogenhandels sowie für «besondere Aufgaben», die der Präsident jeweils im Einzelfall anordnen würde, zuständig sei. Dafür durfte sie sogar eigene technische Einrichtungen betreiben, für deren Kontrolle nicht einmal der für solche Fälle ausdrücklich eingerichtete geheime Foreign Intelligence Surveillance Court zuständig sein sollte. Dies war auch deswegen ungewöhnlich, weil die CIA nun sogar Mobiltelefone abhören durfte, womit niemals ausgeschlossen war, dass US-Bürger betroffen sein würden. Der öffentliche Aufschrei wie in den Siebzigerjahren blieb allerdings weitgehend aus, weil vielen Amerikanern die Nationale Sicherheit, vor allem aber die Rückgewinnung amerikanischer Größe wichtiger erschienen.

Danach wurde die EO 12333 in den Jahren 2003 (EO 13284), 2004 (EO 13355) und 2008 (EO 13470) unter der Präsidentschaft von Reagans Parteifreund George W. Bush zwar mehrfach novelliert, aber immer nur zugunsten der Erweiterung von CIA-Befugnissen. Bis heute dient daher die EO 12333 von 1981 in der IC als Rechtfertigung des weltweiten und faktisch unbegrenzten Datensammelns, nicht zuletzt von US-Bürgern. Allein aus Mobilgeräten sammelte die IC täglich rund fünf Milliarden Standortdaten, wie man seit den Veröffentlichungen Edward Snowdens 2012 weiß.[58] Noch unter Clinton wurde 1998 auch das Verbot von Attentaten durch die CIA weiter aufgeweicht. Sie waren nun in allen jenen Fällen erlaubt, in denen «Terroristen» beseitigt werden sollten.

Schwerpunkt Dritte Welt

Den ersten und wichtigsten Schwerpunkt seiner Außenpolitik und damit auch der Geheimdienstarbeit setzte Reagan in der Dritten Welt, wo die «demokratische Revolution» durch «aktive Unterstützung» gefördert werden sollte, wie es in der «Reagan-Doktrin» hieß. Die eingesetzten «Werkzeuge amerikanischer Politik» entsprachen völlig den Erfahrungen der seit den späten Vierzigerjahren entwickelten Rollback- und Liberation Policy: «Berater», Waffenlieferungen, Wirtschaftshilfe, diplomatische Initiativen und vor allem Förderung von Freiheitskämpfern. «Die Form und der Umfang der Unterstützung, die wir geben», so hatte Reagan betont, «muss in jedem Fall sorgfältig abgewogen werden. … Aber sie muss mehr sein als bloß symbolisch: Unsere Hilfe sollte Freiheitskämpfern die Möglichkeit geben, das Volk auf seine Seite zu ziehen. … Amerika kann nicht eines jeden Schlacht um Freiheit schlagen. Aber wir dürfen anderen nicht die Möglichkeit nehmen, ihre Schlacht selbst zu schlagen».[59]

In Afrika, Asien und Lateinamerika forcierte nun namentlich die CIA unter Casey die Offensive, wobei die Verdeckten Operationen wieder eine übergeordnete Bedeutung erhielten. In Afrika setzte man drei Schwerpunkte: Im Norden erhielten Ägypten, Marokko und Tunesien massive Sicherheitshilfe, um die islamistische Bedrohung zurückzudrängen. Zu einem zweiten strategischen Kern wurden Somalia und seine Nachbarländer, der Sudan und Kenia, auch, weil das dazwischen liegende Äthiopien Einflussgebiet des Ostblocks blieb. Als dritter Schwerpunkt erhielt südlich des Sudan Zaïre (bis 1971 u. ab 1997: Kongo) Unterstützung. Hier sollte das Überleben der korrupten, aber US-freundlichen Regierung Mobutu Sese-Sekos gegen die vom Ostblock unterstützten angolanischen Truppen der MPLA und gegen Sambia gesichert werden. Dies war nicht zuletzt deshalb wichtig, weil die CIA in Zaïre gleichzeitig den Stützpunkt Kamina als Ausbildungsstätte für die seit 1979 gegen die MPLA kämpfenden Truppen der UNITA nutzte. Das hielt man in Langley für so bedeutsam, dass auch die UNITA «Stinger»-Boden-Luft-Raketen erhielt, mit denen zum selben Zeitpunkt die Mudschaheddin in Afghanistan die Luftherrschaft der Sowjets brachen. Die UNITA-Hilfen umfassten ab 1985 jährlich rund 15 Millionen US-Dollar und stiegen unter Reagans Nachfolger, George H. W. Bush, 1989 noch einmal um mehr als das Doppelte auf 40 Millionen Dollar an.[60]

In Asien hielt sich über die gesamte Präsidentschaft Reagans Afghanistan als zentraler CIA-Schwerpunkt, wo die Agency seit 1978 aktiv war. Reagans Interesse ist auch daran abzulesen, dass er sich den erfolgreichen «Stinger»-Einsatz auf Videofilmen im Weißen Haus vorführen ließ. Treibende Kraft hinter dem Versuch, den Islam als antisowjetische Waffe stärker als bisher in den Kalten Krieg einzubinden, blieb Casey. Er traf sich bis zu seinem Ausscheiden 1987 regelmäßig mit dem Chef des pakistanischen Geheimdienstes ISI, General Akhtar Abdur Rahman, um sich über die militärischen Bedürfnisse der afghanischen Guerillas zu informieren und sicherzugehen, dass die Materialflut auch die Empfänger erreichte. Dass die finanziellen Mittel wie im Vietnamkrieg auch aus Schwarzen Fonds und Drogengeschäften stammten, war damals schon ein offenes Geheimnis.

Aber auch in kleinen Ländern wie Kambodscha, wo die Agency in den vergangenen Jahrzehnten eher das zentrale Feindbild war – unter den «Roten Khmer» Pol Pots war «CIA-Agent» die übliche Anklage –, setzte Langley in den Achtzigerjahren wieder zur Offensive an. Die vietnamesische Invasion 1979, die das mörderische Regime Pol Pots wegfegte, brachte angesichts des für die USA verlorenen Vietnamkriegs dann eine besonders merkwürdige Koalition. Um Hanoi zu schwächen, half Washington im bis 1989 andauernden kambodschanischen Bürgerkrieg zwischen der vietnamesisch gestützten Zentralregierung in Phnom Penh und den in die Wälder geflohenen Roten Khmer den Anhängern Pol Pots. Sie erhielten allein bis 1986 rund 86 Millionen Dollar Unterstützung.[61]

Lateinamerika, als US-»Hinterhof», blieb der dritte Schwerpunkt der Achtzigerjahre. Hier unterstützte man weiterhin die Gegner der kubanischen Regierung, für die Radio Martí sendete. Wichtiger für die US-Regierung und damit für die CIA wurde allerdings der Konflikt in Nicaragua, wo der von den USA über Jahrzehnte unterstützte korrupte Somoza-Clan gestürzt und durch die linksgerichtete Regierung der «Sandinisten» ersetzt worden war. Schon 1981/82 gab Washington zu ihrer Bekämpfung rund 43 Millionen Dollar frei, um ein «zweites Kuba» zu verhindern.[62] Neben der Verhängung eines Wirtschaftsboykotts entschied sich Washington auch hier für die Unterstützung von Guerillas, die als «Contras» von der CIA im benachbarten Honduras ausgebildet wurden.

Die Sabotageakte und sonstigen Operationen der Contras waren partiell erfolgreich. Zusätzlich verminte die CIA die nicaraguanischen Häfen Corinto und Puerto Sandino, um Hilfslieferungen an die Sandinisten zu verhindern. Die auf schließlich mehrere Hundert Millionen US-Dollar gesteigerte Unterstützung der Contras wurde insbesondere durch verdeckte Waffenverkäufe an den eigentlich boykottierten Iran, aber auch durch Drogenhandel aufgebracht, da das demokratisch dominierte Repräsentantenhaus schon zwischen 1982 und 1984 offizielle Hilfen mit den sogenannten Boland Amendments untersagt hatte. Als die illegalen Praktiken 1986 aufgedeckt wurden, zeigte sich, dass über 2700 Panzer- und Flugabwehr-Systeme an den Iran geliefert worden waren und zudem ein großangelegter Kokainschmuggel aus Mittelamerika in die USA mit Wissen der CIA stattgefunden hatte.[63] Ein Kongressausschuss unter der Leitung des demokratischen Senators John Kerry bestätigte 1989 entsprechende Presseberichte.

Anders als der Waffenhandel wurde das damit verbundene Drogengeschäft erst in den Neunzigerjahren zum öffentlichen Skandal. Der Journalist Gary Webb machte 1996 in den *San Jose Mercury News* unter dem Titel *Dark Alliance* die Verbindung zwischen CIA und Contras im großangelegten Kokainschmuggel zum zentralen Thema und vermutete, dass die Hälfte der Einfuhren in die USA auf das Konto der CIA-Contra-Connection gehe und dies für die unter Afroamerikanern um sich greifende neue Crack-Abhängigkeit verantwortlich sei.[64] Ein Teil der Gewinne, den die CIA machte, floss aber wohl auch in den Freikauf der im März 1984 im Libanon durch eine proiranische Gruppe entführten CIA-Mitarbeiter.

Sowohl in der Waffen- als auch der Drogenaffäre blieb die CIA überraschend unbehelligt, obwohl ihr eine zentrale Rolle zukam. Der bis 1987 amtierende DCI, William Casey, musste aufgrund seiner angegriffenen Gesundheit nicht mehr aussagen. Er starb bereits am 6. Mai des Jahres. Nur wenige Mitarbeiter der Agency konnten überhaupt angeklagt werden: Dazu gehörten Alan D. Fiers, der Chef der Central American Task Force, Duane R. Clarridge, der zuständige Senior Operations Officer, und Clair E. George aus dem CIA Clandestine Service. Wie fast alle Beteiligten wurden sie von Reagans Nachfolger, dem ehemaligen DCI George Bush begnadigt, dessen Rolle in der Affäre undurchsichtig blieb. Sogar die Bewährungsstrafe von Oliver North, der als NSC-Berater für die Ausbildung der Contras durch die CIA mit verantwortlich gewesen war und die Hauptverantwortung übernahm, wurde 1992 wegen Verfahrensfehlern kassiert.

Zum großen Verlierer der Affäre wurde Gary Webb. Gegen seine Berichte konnte sich die CIA trotz aller Beweise erfolgreich zur Wehr setzen, wohl auch, weil sich große überregionale Zeitungen wie die *New York Times* und die *Washington Post* auf die Seite der Agency stellten. Webb kündigte unter dem Druck 1997 seine Stelle bei den *Mercury News*. Sein Tod 2004 blieb ungeklärt.

Zu diesem Zeitpunkt waren die Sandinisten allerdings bereits Geschichte. Sie waren 1990 nach einer freien Wahl von den Konservativen unter Violetta Barrios de Chamorro, der Witwe des 1978 durch das Somoza-Regime ermordeten Oppositionsführers Pedro Joaquín Chamorro, abgelöst worden.

Schwerpunkt Europa

Während an den Peripherien des Kalten Krieges kontinuierlich militärische Konflikte geführt wurden, lebte Mitteleuropa seit dem Mauerbau 1961 in relativer Ruhe. Es hatte Entspannungserfolge gegeben, die selbst durch die militärische Niederschlagung von Reformbewegungen im Ostblock, wie dem «Prager Frühling» 1968, nicht grundlegend beschädigt werden konnten. Der KSZE-Vertrag hatte 1975 Annäherungen geschaffen, die die CIA allerdings auch zur Destabilisierung des sowjetischen Machtbereichs nutzte. Der Ostblock antwortete darauf mit einem massiven Ausbau der Sicherheitsapparate, um die befürchteten Folgen der Liberalisierung aufzufangen.

Dass sich der Geheimdienstkrieg sogar verstärkte, zeigt auch die Zunahme des Agentenaustauschs. Zum ersten Mal hatte er am 10. Februar 1962 stattgefunden: der CIA-Pilot Gray Powers gegen den KGB-»Kundschafter» Rudolf Abel. Jetzt in den Achtzigern wurden mehrere Dutzend «Agenten» ausgetauscht. Unter ihnen befanden sich auch die ostdeutschen CIA-Mitarbeiter Eberhard Fätkenheuer und Werner Jonsek.

Vor dem Hintergrund der Modernisierung der sowjetischen Mittelstreckenraketen (INF) und des folgenden «NATO-Doppelbeschlusses» im Dezember 1979, der eine westliche «Nachrüstung» für 1983 ankündigte, falls Moskau die Raketen nicht zurückziehe, war allgemein in Europa die Entspannungseuphorie zurückgegangen. Als die USA 1983 ihre neuen Raketen aufstellten, brach die UdSSR demonstrativ die INF-Abrüstungsgespräche ab, während Reagan mit der Ankündigung einer «Strategischen Verteidigungsinitiative» (SDI) Moskau unter neuen Zugzwang setzte. Gegenmaßnahmen hätten einen weiteren tiefen Einschnitt in die ohnehin angespannten Lebensumstände des gesamten Ostblocks bedeutet, in dem sich mittlerweile immer mehr Widerstände zeigten. Am 17. September 1980 gründete sich in Polen «Solidarność» als erste nichtkommunistische Gewerkschaft. Im folgenden Jahr zwangen die Sowjets die polnische Regierung, das Kriegsrecht zu verhängen und 1982 Solidarność zu verbieten.

Die CIA zog daraus mehrere Schlüsse. Als Schwächung des eigenen Lagers stufte man in Langley das Anwachsen der westeuropäischen Friedensbewegung ein, die in den Achtzigerjahren Hunderttausende auf die Straße brachte. Traditionell ging man davon aus, dass sich hier Parteigänger des Ostblocks sammelten. In Anlehnung an das 1981 erschienene Buch *The Terror Network* hielten CIA-Chef Casey und seine Nachfolger die Staatssicherheiten für die eigentlichen Drahtzieher, die auch den Terrorismus in Westeuropa lenkten.

Entscheidend für die CIA-Strategie im Europa der Achtziger wurde allerdings Polen, das bereits seit 1945 als Achillesferse Moskaus galt und 1956, 1970, 1975 und 1980 den Aufstand probte. Polen wurde deshalb zur Chefsache in Langley. Man war zwar wieder von der Entwicklung überrascht worden. Die Ereignisse aber hielt man vor dem Hintergrund der Aufstände in den Fünfzigern für eine fast lehrbuchartig verlaufende «Selbstbefreiung» eines kommunistischen Staates. Dabei spielte eine besondere Rolle, dass mit der Wahl des Krakauer Erzbischofs Karol Wojtyła zum Papst 1978 der ohnehin große Einfluss der katholischen Kirche gestärkt worden war. Dies bestätigte sich im Juni des folgenden Jahres während seiner triumphalen Reise durch Polen.

Zur Erhöhung des Drucks verhängten die USA Ende 1981 Wirtschaftssanktionen gegenüber Polen und der Sowjetunion, die im Mai 1982 mit der National Security Decision Directive (NSDD) 32 um Verdeckte Operationen erweitert wurden. Ganz im Sinne der Rollback-Politik, die Religionen immer als Ansatzpunkt zur Destabilisierung des Ostblocks gesehen hatte, traf sich Reagan am 7. Juni 1982 mit Papst Johannes Paul II., um mit ihm die Möglichkeiten der Unterstützung der Solidarność und der Schwächung der polnischen Regierung und der Sowjets auszuloten. In den folgenden Jahren folgten regelmäßige Konsultationen, an denen auch der DCI Casey teilnahm, der sich dazu mit dem Washingtoner Erzbischof Pio Laghi abstimmte. Heute weiß man, dass sich Weißes Haus, CIA und Vatikan über ihre jeweiligen Operationen informierten.

Die sowjetischen Versuche, die Verbindungen zur katholischen Kirche und zu anderen oppositionellen Kreisen in Polen systematisch zu diskreditieren, scheiterten. Ob der Kreml alles dies bereits 1981 ahnte und vielleicht sogar den Auftrag zur Ermordung des Papstes gab, der am 13. Mai von einem türkischen Attentäter schwer verwundet wurde, ist unklar. Die CIA jedenfalls vermutete dahinter eine gemeinsame Operation der sowjetischen und bulgarischen Staatssicherheiten – eine Auffassung, die 2006 auch der abschließende italienische Untersuchungsbericht teilte.

Der Untergang des Ostblocks

Der von der CIA unterstützte Widerstand erschien im Rückblick aus dem Jahr des Untergangs des Ostblocks 1991 nur noch als eines von vielen Problemen, die das sowjetische Imperium zum Kollaps führten. Die Agency hatte insbesondere auch die Wirtschaft des sowjetischen Imperiums im Blick. Die von Caseys «Deception Committee» entwickelten Nadelstiche zur Schwächung der sowjetischen Ökonomie trafen nach Aussage Beteiligter die besonders wichtigen Rohölexporte, aber auch die aus dem Westen importierte Computertechnologie. Nachgewiesen ist, dass die USA versuchten, den Ölpreis möglichst niedrig zu halten und gleichzeitig Schadprogramme in die in den Ostblock exportierte Software einzubauen. Die CIA hielt schon die im November 1982 explodierte Öl-Pipeline in Sibirien für ein Ergebnis ihrer Operationen.

Angesichts der enormen wirtschafts- und finanzpolitischen Herausforderungen versagte ab 1985 auch der Plan des neuen sowjetischen Generalsekretärs Michail Gorbatschow, mit innenpolitischen Reformen, die er «Perestroika» (Umgestaltung) und «Glasnost» (Öffnung) nannte, das sowjetische System für die neuen Runden des Kalten Krieges fit zu machen.

Außenpolitisch nannte er es das «Neue Denken», was in der Praxis meinte, sich aus Ostmitteleuropa und der Dritten Welt zurückzuziehen und sich auf die UdSSR zu konzentrieren. Jedes sozialistische Land habe die Freiheit, erklärte Gorbatschow seit April 1986, seinen «eigenen Weg» zu gehen. Der Sprecher des sowjetischen Außenministeriums bezeichnete das 1989 als «Sinatra-Doktrin».[65] Diesen Bruch mit dem Konzept der «beschränkten Souveränität» sozialistischer Staaten, die Abwendung von der «Breschnew-Doktrin», haben viele als den Anfang vom Ende des Ostblocks betrachtet.

In der CIA wie der US-Regierung blieb man misstrauisch. Noch Ende 1988 hielt man in Langley die sowjetische Politik für unverändert. Auch Reagan weigerte sich, überhaupt auf die sowjetischen Vorschläge zur Rüstungsbegrenzung einzugehen, und reagierte schließlich nur auf Druck der amerikanischen Öffentlichkeit. Während die CIA in der Dritten Welt wie in Ostmitteleuropa an der weiteren Schwächung Moskaus arbeitete, trafen sich Reagan und Gorbatschow im Oktober 1986 auf Island, wo die «Revolution von Reykjavík» die Gespräche zum Rüstungsabbau, zu Afghanistan, Angola und dem Iran-Irak-Krieg wieder in Bewegung brachte.[66]

In Langley blieb man trotzdem unbeeindruckt, was dazu führte, dass die CIA 1989 auch von dieser Entwicklung überrollt wurde. Später räumte das der damals stellvertretende DCI, Robert Gates, der noch im selben Jahr als Politischer Berater ins Weiße Haus wechselte, ein.[67] Wie alle überrascht von der Maueröffnung im November 1989, gelang es selbst erfahrenen

Ostblockspezialisten der CIA nicht, die weitere Entwicklung einigermaßen zu prognostizieren. Die Agency, die Gates seit November 1991 als DCI bis zum Januar 1993 leitete, war Zuschauer, als sich nach und nach der Ostblock auflöste und im Dezember 1991 die Sowjetunion verschwand.

Was den Hauptfeind im Kalten Krieg in die Knie zwang, blieb zwar nicht in der CIA, aber unter Historikern umstritten. In Langley wie in der US-Regierung war man sich sicher: George H. W. Bush, der 1976/77 kurzzeitig als DCI tätig gewesen war, erklärte knapp vier Wochen nach der Auflösung der UdSSR in seiner Regierungserklärung vom 28. Januar 1992, der Westen und damit nicht zuletzt die CIA habe den Ostblock niedergerungen.[68] Ähnlich sah es Zbigniew Brzezinski, auf den viele CIA-Operationen seit den Siebzigerjahren zurückgingen.

Die Deutung allein aus den «externen Gründen» blieb in der Forschung allerdings nicht unwidersprochen. Dort hielt man zumindest die desolate innenpolitische Situation für den Zerfall mitverantwortlich. Die UdSSR habe sich aufgrund fehlender intellektueller und wirtschaftlicher Ressourcen nicht in der Lage befunden, ihre Rolle als Kopf der «Weltrevolution» zu spielen, woraus Widerstände gegen Moskau und den Kommunismus innerhalb des sowjetischen Machtbereichs entstanden seien.

Die Verknüpfung beider Thesen trifft am ehesten die Wirklichkeit. Die UdSSR stand in den Achtzigern innen- und außenpolitisch vor enormen Herausforderungen. Gleichzeitig schien auf die bisherige Weise keine tragfähige Lösung mehr möglich. Zu den Verstärkern gehörten enorme Investitionen im Rüstungssektor, während gleichzeitig die eigene Bevölkerung mehr Konsum und schließlich mehr Mitsprache einforderte. Zweifellos waren solche Wünsche durch westliche Medien, an denen die CIA über viele Jahrzehnte mitbeteiligt war, erheblich forciert worden. Damit verbanden sich Forderungen nach mehr persönlicher Freiheit und politischer Selbstbestimmung, denen der Ostblock nach der KSZE-Schlussakte nur wenig entgegenzusetzen hatte.

7. Nach dem Kalten Krieg 1992–2000

Neuorientierung

Das Ende des Kalten Krieges hinterließ für die USA vier globale Folgen, die auch die CIA vor neue sicherheitspolitische Herausforderungen stellte: (1.) Die aus dem zerfallenen Ostblock entstandenen neuen Nationalstaaten erklärten sich entsprechend ihren historischen Bindungen neuen Ordnungen zugehörig. (2.) Parallel dazu entstand das Problem «vagabundierender Nuklearwaffen». (3.) Die Dritte Welt als ehemalige Peripherie des Kalten Krieges wurde selbstständiger. Dabei erhielten vor allem das sich teilweise der Marktwirtschaft öffnende China und der politische Islam größere Bedeutung. (4.) Aus alledem folgte aus der Sicht der US-Regierung die Notwendigkeit, eine «Neue Weltordnung» zu etablieren, die einerseits den eigenen Sieg widerspiegeln, andererseits Lehren aus dem Kalten Krieg ziehen sollte.

Als zentrale Richtung kristallisierte sich das tief in der US-Tradition verwurzelte Ziel heraus, den Kampf gegen undemokratische Regime und Despoten fortzusetzen und dabei die Erfahrungen des Kalten Krieges für künftige «Lange Kriege» zu nutzen, wie der Begriff seit 2006 lautete.[69] Die Richtung zeigten 1991 bereits der Zweite Golfkrieg und der bis 1999 andauernde Konflikt in Jugoslawien, insbesondere aber der nach «9/11» ausgerufene «Krieg gegen den Terror».

Für die Agency ging es in der Nachkriegszeit des Kalten Krieges um viel. Erneut wurden Stimmen laut, die angesichts des eigenen «Sieges», aber auch der Fehlleistungen der CIA radikale Einsparungen forderten. Tatsächlich waren sogar die Achtzigerjahre, in denen die CIA unter Reagan nahezu ungebremst wieder zur Offensive ansetzen durfte, trotz mancher Erfolge von schweren Niederlagen gekennzeichnet gewesen. Das Jahr 1985 war sogar zum sprichwörtlichen «Year of the Spy» geworden, in dem man erneut zahlreiche Doppelagenten in den eigenen Reihen entdeckte, die zum Teil seit Jahrzehnten aktiv waren.

Kritik kam jetzt selbst von prominenten CIA-Veteranen, etwa dem ehemaligen DCI William Colby. Manche fühlten sich sogar an die Zeiten der «Familienjuwelen»-Affäre erinnert. Vor diesem Hintergrund präsentierte der amtierende DCI, Robert Gates, deshalb dem US-Kongress im April 1992 einen ausführlichen Katalog aktueller Herausforderungen. In den 176 Punkten kamen Cyberkriminalität, vagabundierende ABC-Waffen, Drogenhandel und Terrorismus ebenso vor wie der Klimawandel. Sieben Jahre später legte die CIA unter dem Titel *Global Trends 2015* (GT-2015) ein ähnliches Papier vor.

Trotzdem erzwangen seit 1992 Budgetkürzungen die Entlassung zahlreicher Mitarbeiter und die Schließung von über zwanzig CIA-Filialen. Parallel dazu wurde das Verhältnis zwischen Langley und dem Weißen Haus unter Bill Clinton schlechter. Nach Gates (bis 1993), R. James Woolsey (1993–1995) und John M. Deutch (1995/96) durfte erst George J. Tenet (1997–2004) wieder etwas länger bleiben. Er reorganisierte einen Teil der Agency, bevor er 2004 zurücktrat. Aber auch Tenet hatte Fehler in der Geheimdienstarbeit einräumen müssen.

Angesichts der heftigen Angriffe erschien es daher als ein unglaublicher Glücksfall, als die CIA 1992 in den Besitz der sogenannten Rosewood-Dateien («Rosenholz») kam, der rund 350 000 auf Mikrofilm kopierten Karteikarten der «Hauptverwaltung Aufklärung» (HVA) des DDR-Auslandsnachrichtendiensts. Wie die Übernahme, die als einer der großen Erfolge der Agency gefeiert wurde, zustande kam, ist bis heute unklar. Die Hauptakteure sind allerdings bekannt: die KGB-Mitarbeiter Alexander Prinzipalow und Alexander Sjubenko sowie der ehemalige HVA-Chef Markus «Mischa» Wolf.

Auf der Basis dieser Quellen konnten der hochrangige HVA-Agent Rainer Rupp («Topas»), der über Jahre die NATO-Zentrale in Brüssel ausspioniert hatte, sowie 360 Personen, die für Geheimdienste des Ostblocks in der alten Bundesrepublik gearbeitet hatten, verhaftet werden.[70] Aber selbst «Rosewood» konnte nichts Erhellendes dazu beitragen, warum Mitte der

1980er Jahre nahezu jeder CIA-Agent in Ostmitteleuropa enttarnt worden war. Besonderes Aufsehen erregten die Fälle Larry Wu-tai Chin, den man erst nach dreißig Jahren Spionagetätigkeit enttarnte, Ronald Pelton, der das Projekt IVY BELLS verraten hatte, welches nukleare Kapazitäten der Sowjets ermitteln sollte, Jonathan Pollard, der den Israelis Dutzende US-Agenten nannte, der «Walker Family Spy Ring», der seit 1967 Moskau Material geliefert hatte, und Edward Lee Howard (alias «Robert»), ein Mitarbeiter der CIA Soviet/East European Division, dessen Abtauchen in die UdSSR 1986 als die erste erfolgreiche Flucht eines aktiven CIA-Agenten in die Geschichte der Agency einging.

Das Leck wurde erst 1994 entdeckt, als mit dem Chef der Spionageabwehr in der für die UdSSR zuständigen CIA-Abteilung, Aldrich Ames, der entscheidende Doppelagent verhaftet werden konnte. Ames hatte seit 1982 wohl dreißig Mitarbeiter der Agency an den KGB verraten. Unter ihnen befand sich Dimitri Poljakow, einer der wichtigsten CIA-Informanten, der rund 25 Jahre für Langley tätig gewesen war und 1988 in Moskau hingerichtet wurde.

Einige CIA-Doppelagenten in der CIA wurden sogar erst nach dem Kalten Krieg zu Verrätern. Dazu gehörte Harold James Nicholson, der seit 1980 bei der Agency arbeitete und als Stationschef in ostmitteleuropäischen und ostasiatischen Staaten eingesetzt wurde. Er war sogar Trainer im geheimen CIA-»Camp Peary» und Abteilungsleiter in Langleys Directorate of Operations gewesen. Ab 1992 hatte er für den russischen Geheimdienst SWR spioniert. Die CIA-Sekretärin Virginia Jean Baynes war wohl 1990 in eine «Honey Trap» gefallen, als sie Geheimmaterial aus der US-Botschaft in Manila schmuggelte. Immer wieder waren allerdings Mitarbeiter von Fremdfirmen das Problem. Der für den B-2-Bomber mitverantwortliche Northrop-Ingenieur Noshir Gowadia verkaufte 2005 Geheimmaterial an China.

Die Entdeckungen steigerten den Vertrauensverlust, wie sich nicht zuletzt aus den Bewerberzahlen für die CIA erkennen ließ. Letztendlich wurden zwar nicht die Geheimdienste grundsätzlich infrage gestellt. Gefordert wurde aber zum wiederholten Male eine bessere Kontrolle. Die *Boren-McCurdy (Reform) Proposals* 1992 plädierten dabei ebenso wie Clinton in seiner Presidential Decision Directive 35 (PDD-35) vom 2. März 1994 für die Schaffung eines übergeordneten Geheimdienstchefs, eines DNI.

Die wachsende Sorge der Amerikaner vor neuen Bedrohungen, vor allem vor terroristischen Anschlägen, wie jene Bombe, die am 26. Februar 1993 im World Trade Center in New York explodierte, sorgte allerdings für eine andere Entscheidung. Im Herbst 1994 kam die «Aspin-Brown Commission» zu dem Schluss, dass die CIA nicht weniger, sondern im Gegenteil mehr Kompetenzen und ein höheres Budget brauche. Auch von einer Unterstellung unter einen DNI war keine Rede mehr. Stattdessen folgte 1996 die Arbeitsgruppe des House Permanent Select Committee on Intelligence in ihrer Studie *IC 21: The Intelligence Community in the 21st Century* im Wesentlichen den Vorschlägen. Ab 1996 erhielt die CIA wieder ein größeres Budget. Dass die Probleme damit nicht gelöst waren, machten spätestens die Anschläge 2001 und der 2004 veröffentlichte *9/11 Commission Report* deutlich.

«Vagabundierende Atomwaffen»

Die Abwehr «vagabundierender» Massenvernichtungswaffen hatte bereits Clintons PDD-35 zu einer der zentralen Aufgaben der CIA erklärt, weil nach der Auflösung der UdSSR viel nukleares Material ohne Kontrolle war. Allein in der folgenden Gemeinschaft Unabhängiger Staaten (GUS) lagerten 1991 bis zu 160 Tonnen Plutonium und etwa 900 Tonnen waffenfähiges Uran.[71] Auch gab es Hunderttausende arbeitslose Waffenspezialisten. Zwar versuchte das im US-Kongress im November 1991 verabschiedete Soviet Nuclear Threat Reduction-Gesetz den Nachfolgestaaten der UdSSR bei der Kontrolle der nuklearen Hinterlassenschaften des Kalten Krieges Hilfen und den dazugehörigen Spezialisten eine neue Perspektive zu geben. Trotzdem ließ es sich nicht verhindern, dass manche sich von politisch heiklen Staaten wie Libyen, dem Irak, Iran, Pakistan oder Nordkorea anwerben ließen und manche sogar nukleares Material verkauften. Das erhöhte die Gefahr «Schmutziger Bomben» dramatisch.

Die CIA versuchte auf verschiedenen Wegen, dem entgegenzutreten. In den Schwerpunktregionen wurden Agenten angeworben, so in Libyen und im Iran, wo man den Schweizer Nuklearingenieur Urs Friedrich Tinner gewinnen konnte. Tinner hatte sich 1998 über das Netzwerk von Abdul Qadir Khan, das Pakistan zur Atombombe verholfen hatte, anwerben lassen. Danach war er aber aus denselben finanziellen Motiven zur CIA gewechselt, die er zunächst über Libyen informierte. Langley versetzte dies in die Lage, das Atomprogramm Muammar al-Gaddafis zu beenden. Auf Initiative der CIA ging wohl auch die Anwerbung von iranischen Informanten, etwa des Physikers Schahram Amiri, zurück.

Als weitere Waffe der CIA gegen atomar aufrüstende «Schurkenstaaten» wurden Computerschadprogramme entwickelt. STUXNET (RootkitTmphider) ist wohl heute das bekannteste. Es entstand nach Aussage des damaligen Chefs der NSA, General Keith Alexander, aus der Kooperation zwischen CIA und israelischen Geheimdiensten.[72] Anders als viele der vorangegangenen Versuche beeinträchtigte STUXNET das iranische Nuklearprogramm 2010 massiv und zwang zusammen mit den Sanktionen wohl auch die iranische Führung, die Planungen aufzugeben. Dies wiederum war die Voraussetzung für das Ende der westlichen Sanktionen 2015.

Direkte militärische Angriffe, an denen sich auch die CIA beteiligte, waren die Ausnahme. Während des Zweiten Golfkriegs wurde der irakische Reaktor Osirak (Tammuz) 1991 mehrfach von US-Bombern angegriffen. Gegenüber dem Iran waren solche präemptiven Operationen ebenfalls im Gespräch, wurden aber nicht verwirklicht. Öffentlich wenig bekannt war ohnehin, dass die USA und der Iran jenseits ihrer grundsätzlichen Konflikte zwei starke gemeinsame Interessen haben: die Eindämmung des Drogenanbaus und -handels. Beide gehören zu den Hauptaufgaben der CIA.

China

Ebenso beunruhigend erschien der mit der Auflösung des Kalten Krieges schier unaufhaltsame Aufstieg Chinas, den die USA zwanzig Jahre zuvor selbst angestoßen hatten. Der CIA-nahe neokonservative Politologe Samuel Huntington hatte schon 1993 in *The Clash of Civilizations* gemutmaßt, China und der politische Islam würden nach dem Kalten Krieg die neuen Gegner der USA sein. China bot nach 1991 zunächst den klarsten Beleg für die neuen Herausforderungen, obwohl der Islamismus fast gleichzeitig zur Offensive ansetzte und mit Anschlägen in den USA auf sich aufmerksam machte.

China war wenige Jahre nach der Trennung von der Sowjetunion 1960 zur nuklearen Großmacht im Schatten der beiden Supermächte aufgestiegen. Nur zeitweilig gelang es Peking, einen international aktiven Part zu spielen. Zum Höhepunkt wurde das Schanghai-Kommuniqué mit den USA 1972, das die CIA mit vorbereitet hatte. Mit seiner Hilfe wurde die Volksrepublik Ordnungsmacht Ostasiens, bootete ihren Erzrivalen Taiwan aus und öffnete sich gleichzeitig dem Westen. Alles das war die Voraussetzung für die ökonomische Offensive, die das Land nach dem Kalten Krieg mit an die Spitze der Weltwirtschaft katapultierte.

Der Sprung gelang freilich nur, weil sich die USA zunächst weitgehend aus den innen- und außenpolitischen Kontroversen Chinas heraushielten. Dies zeigte deutlich die blutige Niederschlagung der chinesischen Demokratiebewegung auf dem Platz des Himmlischen Friedens 1989. Gleichzeitig blieben jedoch die Spannungen erhalten: die fehlende Berücksichtigung von Menschenrechten in China, seine wachsende ökonomische Stärke, verbunden mit steigenden außenpolitischen Ambitionen sowie die zunehmende chinesische Spionage, insbesondere die Cyberkriminalität.

In China war die CIA erst nach dem Sieg Maos 1949 aktiver geworden. Die zuvor mangelnde Unterstützung der nationalchinesischen Verbände Tschiang Kai-scheks durch die USA hatte den in den folgenden amerikanischen Wahlkämpfen heftig beklagten «Verlust Chinas» mit verursacht. Das wichtigste Ziel Washingtons blieb danach zunächst der Schutz Taiwans, wohin sich die geschlagenen Truppen der Kuo-min-tang zum größten Teil geflüchtet hatten, die dort ihre Republik China aufbauten. Bis in die Sechzigerjahre ließen die USA in der Straße von Taiwan ihre 7. US-Flotte patrouillieren, um Peking von einer Invasion abzuhalten.

Die CIA-Informationen aus Maos Herrschaftsbereich blieben lückenhaft. Zum ersten geheimdienstlichen Debakel wurde der Angriff chinesischer «Freiwilliger» am Yalu während des Koreakriegs im Herbst 1950. Über den spektakulären, immens folgenreichen Bruch mit Moskau 1960 war man ebenfalls zunächst kaum informiert. Dies besserte sich erst etwas, als der sowjetische Informant General Dimitri Poljakow im folgenden Jahr der CIA Interna aus Moskau verriet. Dass China auch ohne sowjetische Hilfe in der Lage war, 1964 eine Atombombe und drei Jahre später eine H-Bombe zu zünden, überraschte erneut. Hier zeigte sich die CIA ebenso ahnungslos wie 1949 bei der Zündung der ersten sowjetischen Atombombe. Demgegenüber war Peking über Interna der US-Politik besser im Bilde. Warum, wurde 1985 verständlicher, als einer der am längsten für China arbeitenden CIA-Agenten, Larry Wu-tai Chin, enttarnt wurde. Er hatte schon seit 1952 Informationen übermittelt.

Aber es gab auch CIA-Operationen im chinesischen Machtbereich. Einen Schwerpunkt bildete ab 1950 Tibet, das im Herbst des Jahres von Maos Armee eingenommen und wenig später zu einer Provinz Chinas erklärt worden war. Das OSS war schon während des Zweiten Weltkriegs in Lhasa präsent, um US-Hilfen für die antijapanische Front zu koordinieren. Die USA sahen die tief religiöse buddhistische Bevölkerung als antikommunistischen Gegenpart zu Maos China und Tibet als strategische Region mit enger Bindung zum demokratisch verfassten Indien.

Die millionenschwere verdeckte Unterstützung des tibetischen Widerstands steigerte sich ab 1953 erheblich und wurde bis Mitte der Sechzigerjahre aufrechterhalten. Dazu gehörten die Lieferung von Ausrüstung und Waffen, Training paramilitärischer Gruppen durch CIA-Agenten und nicht zuletzt eine umfangreiche antikommunistische Propaganda. Ein Teil des Trainings erfolgte sogar in den USA, wo die CIA in Camp Hale im Bundesstaat Colorado eine eigene Ausbildungsstätte für tibetische Partisanen und Agenten betrieb.

Das Ziel der Operationen ging aber weit über die Befreiung Tibets hinaus. Es sollte den Widerstand im übrigen China beleben, wie noch 1964 ein Memorandum des US-Außenministeriums zu den CIA-Aktivitäten deutlich machte.[73] Daran änderten auch die von Maos Truppen blutig niedergeschlagenen Aufstände 1955 und 1959 nichts. Sogar, als der Dalai Lama im Zuge des Aufstands 1959 mit vielen seiner Anhänger nach Indien floh, genehmigte das NSC der CIA, den Widerstand weiter zu unterstützen. Langley stellte erst 1965 die direkte Unterstützung ein. Erst aber seit dem 1972 geschlossenen Schanghai-Kommuniqué strich man auch die Zuwendungen für den Dalai Lama.

Das Abkommen von Schanghai war jedoch kein grundsätzlicher Wendepunkt für den Blick der CIA auf Peking. Wie andere kommunistische Staaten blieb China ein grundsätzlicher Gegner. Für eine Bestätigung dieser Auffassung hielt man in Langley die blutige Niederschlagung der Oppositionsbewegung 1989. Ironischerweise verhinderte damals ausgerechnet US-Präsident George H. W. Bush als ehemaliger DCI die auch von der CIA geforderten Sanktionen gegen China.

Der neue alte Gegner: Terrorismus

Für noch besorgniserregender als Chinas Aufstieg hielt man in der Agency nach 1991 allerdings die massive Zunahme des radikalen Islamismus und muslimischen Terrorismus. Bereits im Kalten Krieg hatte sich gezeigt, dass der islamische Fundamentalismus, der als antikommunistische Kraft mithilfe der Agency in der Dritten Welt gefördert worden war, sich zunehmend gegen seine einstigen Verbündeten wandte. Zum gefährlichsten Gegner wuchs zunächst das 1988/89 von Osama bin Laden gegründete Netzwerk Al-Qaida – «die Basis». Die von der CIA koordinierte militärische und finanzielle Förderung der Mudschaheddin in Afghanistan seit 1978/79 hatte von Anfang an übersehen, dass nicht nur Langley die Islamisten instrumentalisierte, sondern diese ihrerseits den Westen und insbesondere die «ungläubigen Amerikaner» nur als Werkzeug sahen, die Sowjets aus dem Land zu treiben.

Der sowjetische Abzug 1989 führte trotz weiterer finanzieller Hilfen an Afghanistan zur Neuorientierung der ehemaligen CIA-Verbündeten. Das aber erkannte man in der Agency erst viel später. Die Unwissenheit hatte erneut mit mangelnden Landeskenntnissen zu tun, da man den Kontakt zu den Mudschaheddin weitgehend Mittelsmännern aus dem pakistanischen Geheimdienst ISI überlassen hatte. Hier wiederholte sich ein alter Fehler der Agency. Am Ende der Kämpfe stand 1997 ein radikalislamischer «Gottesstaat» unter Kontrolle der sogenannten Taliban, der zum Rückzugsort von Al-Qaida wurde.

Infolge der chaotischen Lage und der bemerkenswerten Ahnungslosigkeit der CIA über die Interna Afghanistans, die nach den Anschlägen 2001 auch der *9/11 Commission Report* anprangerte, blieb man in Langley auch über die weitere Entwicklung von Al-Qaida uninformiert. Man wusste nicht, dass sich die Gruppe um Osama bin Laden bereits Anfang der Neunziger so weit konstituiert hatte, dass sie einen ersten großen Anschlag in den USA durchführen konnte. Die 1993 im World Trade Center in New York City gezündete Autobombe forderte sechs Tote und bis zu 1000 Verletzte.[74]

Die entscheidenden Hinweise auf die Täter konnte daher auch nicht die CIA liefern, sondern das FBI, das schließlich eine ganze Verschwörung von sunnitischen Extremisten in den USA aufdeckte. Im Mittelpunkt standen der kuwaitische Staatsbürger Ramzi Ahmed Yousef, der auch die Bombe deponiert hatte, und der «blinde Scheich», der Ägypter Omar Abd al-Rahman, der 1990 wohl sogar mit CIA-Unterstützung in die USA eingereist war. Während Abd al-Rahman unmittelbar nach dem Anschlag festgenommen werden konnte, wurde Yousef erst 1995 in Pakistan gefasst.

Bis zum ultimativen Angriff am 11. September 2001 folgten weitere Attacken auf amerikanische Ziele, die weder von der CIA noch von anderen US-Sicherheitsbehörden verhindert werden konnten. Dazu gehörte 1995 ein Anschlag auf einen von US-Soldaten genutzten Militärkomplex im saudi-arabischen Riad mit sieben Toten, im folgenden Jahr ein Angriff auf ein Gebäude nahe des US-Luftwaffenstützpunkts Zahran mit 19 Toten und 1998 Bombenanschläge auf amerikanische Botschaften in Nairobi (Kenia) und Daressalam (Tansania) mit insgesamt 224 Toten und mehreren Tausend Verletzten. Im Jahr 2000 folgte der Anschlag auf den US-Zerstörer «Cole» im Jemen mit 17 Toten.[75]

Einige Angriffe konnte die CIA allerdings vereiteln, darunter 1993 einen Anschlag auf das UN-Hauptquartier in New York und 1999 auf den Flughafen Los Angeles. Andere Attentate blieben in der Planungsphase und wurden erst später entdeckt, so auch ein Anschlag auf das CIA-Hauptquartier in Langley 1995.

8. Freibrief 9/11 seit 2001

9/11 als «drittes Pearl Harbor»

Der Anschlag vom 11. September 2001 wurde für alle US-Sicherheitsbehörden, aber insbesondere für die CIA zur erneuten schweren Niederlage, zum «dritten Pearl Harbor». Trotz aller Vorwarnungen war es in der Wahrnehmung der US-Bürger nach 1941 und 1950 dem Geheimdienst nicht gelungen, eine fundamentale Bedrohung der USA frühzeitig zu erkennen und abzuwenden. Jetzt wurden nicht nur die CIA-Reformen der vergangenen Jahre, sondern die gesamte 1981 begründete Struktur der Intelligence Community, für deren Koordination der Chef der CIA bislang verantwortlich war, infrage gestellt.

Innenpolitisch setzten die Anschläge auf das Pentagon und

das World Trade Center, in dem sich auch eine Dependance der Agency befunden hatte, sowie der Absturz eines weiteren entführten Flugzeugs in Pennsylvania mit heute über 2900 bestätigten Toten die gesamte erst wenige Monate amtierende Regierung von George W. Bush unter massiven Druck.[76] Sie reagierte mit neuen Sicherheitsgesetzen, die in den folgenden Jahren kontinuierlich erweitert wurden. Mit dem Department of Homeland Security (DHS) entstand schon 2002 eine neue Sicherheitsbehörde mit umfassenden Befugnissen.

Anders als in Langley befürchtet und wohl anfänglich auch geplant, wurde das DHS allerdings nicht zur vorgesetzten Dienststelle der CIA. Stattdessen gewann die Agency trotz der heftigen Kritik langfristig sogar neue Kompetenzen. Sie verlor aber ihre bisherige institutionelle Sonderstellung, nachdem sie durch das 2004 in Kraft gesetzte Intelligence Reform and Terrorism Prevention-Gesetz dem neu geschaffenen Amt des Director of Intelligence (DNI) unterstellt wurde, das damit gleichzeitig die gesamte IC-Koordination des DCI übernahm. Dieser amtierte nun nur noch als der dem DNI berichtspflichtige Chef der CIA (D/CIA). Als einen Ausgleich wies man ihm die Aufgabe eines «National Human Source Intelligence Manager» in der IC zu. Wenig öffentlich diskutiert wurde, dass damit eigentlich nur das vollzogen wurde, was seit Beginn der Neunzigerjahre im Gespräch war.

Ebenso wenig nahmen viele in der Öffentlichkeit wahr, dass bereits das Patriot-Gesetz vom 25. Oktober und die am 13. November 2001 folgende Military Order für weitere neue Kompetenzen der CIA sorgten. Jetzt wurde der CIA erlaubt, auch im Inland zu ermitteln – ein Zugeständnis, das in den Siebzigern noch zu einem öffentlichen Skandal und Untersuchungsausschüssen geführt hatte. Telefonate durften abgehört, Hausdurchsuchungen ohne Wissen des Bewohners durchgeführt und Einsicht in persönliche Daten genommen werden. Das Gesetz genehmigte zudem den Zugriff auf Server von US-Unternehmen innerhalb und außerhalb der USA.

Im Ausland durfte sogar jede Kommunikation mitgeschnitten werden. Damit war auch der 2000 geschlossenen «Safe Harbor»-Vereinbarung mit der EU die Grundlage entzogen. Darin hatten sich die USA verpflichtet, auch Daten von EU-Bürgern zu schützen. Brüssel brauchte allerdings noch Jahre, um schließlich im Oktober 2015 die Regelung für aufgehoben zu erklären. Im Februar 2016 verpflichtete sich die US-Regierung mit dem Abkommen «Privacy Shield» erneut zum Datenschutz. Es gab allerdings kaum Verbesserungen.

Seit dem Inkrafttreten der Military Order vom November 2001 konnten zudem Ausländer unbeschränkt und ohne Gerichtsverfahren – seit 2002 auch außerhalb der USA – festgehalten werden. Die Regelung fußte auf einer der CIA schon 1995 unter Clinton eingeräumten Erlaubnis zur «Besonderen Überstellung» (Extraordinary Rendition). Dies betraf vor «9/11» bereits rund siebzig Personen, die mit in den USA verbotenen Methoden befragt wurden.[77] Sie hießen «harte» (harsh), «militärische» (military), «erzwungene» (coercive) oder «gesteigerte» (enhanced) Befragungen (Interrogation Techniques).

Nach internationalem Recht war das Folter und damit illegal, obwohl die US-Regierung festlegte, dass Geheimdienste nicht den entsprechenden Vereinbarungen unterworfen seien; insbesondere nicht der 1987 in Kraft getretenen UN-Anti-Folter-Konvention. Daher genießen CIA-Mitarbeiter damit zum Teil bis heute – anders als Angehörige der Streitkräfte, mit denen Langley zur Durchführung von Verhaftungen auch das sogenannte Special Access Program betreibt – Immunität und sind vor Strafverfolgung geschützt.

Die ausländischen geheimen Black Sites der CIA wurden bevorzugt in jenen Ländern eingerichtet, in denen ohnehin Menschenrechtsverletzungen zum System gehörten: Ägypten, Afghanistan, Indonesien, Irak, Jordanien, Katar, Marokko, Pakistan, Saudi-Arabien, Syrien und Thailand. Aber auch auf der britischen Insel Diego Garcia im Indischen Ozean wurde ein solches Gefängnis eingerichtet. Zudem erklärten sich auch europäische Staaten bereit, Black Sites einzurichten, so Kosovo, Litauen, Mazedonien, Polen und Rumänien. Außerdem entstanden eine Reihe von mobilen Geheimgefängnissen, unter anderem auf den US-Kriegsschiffen «Bataan», «Peleliu» und «Ashland».

Viele Black Sites des «CIA-GuLag» (A. W. McCoy) wurden erst durch Whistleblower bekannt, aber es gibt bis heute keine endgültige Liste. Der wichtigste dieser geheimen Orte, der ironischerweise zum bekanntesten und damit geradezu zur Chiffre für den Freibrief wurde, den die CIA durch den Krieg gegen den Terror erhielt, ist das 2002 entstandene «Camp Delta» in Guantánamo auf Kuba – trotz der ebenso traurigen Berühmtheit etwa von Abu Ghraib oder Camp Bucca im Irak.

Für den Umgang mit den «Unprivilegierten Feindlichen Kämpfern» (Unprivileged Enemy Belligerents) und «Illegitimen Kombattanten» (Illegal/Unlawful Combattants) wurden Langley durch Sondergesetze weitere Rechte eingeräumt. Bereits CIA-Chef Tenet hatte durchgesetzt, eine spezielle Gruppe von «Ghost Detainees» zu definieren, Häftlinge, die unauffindbar werden sollten, indem man ihnen die durch die Genfer Konventionen vorgeschriebene Registrierung verweigerte. Solche Verfahren hatten die USA zuvor eher lateinamerikanischen Diktatoren überlassen, die das «Desaparecidos»-System in den Siebzigern und Achtzigern entwickelt hatten.

Die Aufdeckung führte erneut zu massiver internationaler Kritik an der CIA. Das 2005 folgende Detainee Treatment-Gesetz (DTA) verbot zwar «grausame, unmenschliche oder erniedrigende» Behandlung auch von solchen Gefangenen, wie sie die Agency in den Black Sites festhielt. Gleichzeitig erteilte das Gesetz aber dem Personal, das die «harten Befragungstechniken» wie Waterboarding anwendete, Amnestie. Ermittlungen machten klar, dass zuvor «Enhanced Interrogation Techniques» (EIT) tendenziell unbegrenzt angewendet worden waren. Der 2003 verhaftete Chefplaner des «9/11», Chalid Scheich Mohammed, wurde im polnischen Geheimgefängnis der CIA, Stare Kiejkuty, bis zu 183-mal im Monat unter Anwendung des nach internationalen Konventionen illegalen Waterboarding befragt.[78]

Das Military-Commission-Gesetz bestätigte 2006 das seit Jahren praktizierte Sonderrecht für die «Unprivilegierten Kämpfer» und machte darüber hinaus klar, dass die CIA faktisch unbegrenzt Personen festhalten durfte. Da Einsprüche nur bei den vom Pentagon eingesetzten Militärkommissionen zulässig waren, die auch über die Revisionen entschieden, waren die Erfolgsaussichten solcher Einsprüche minimiert. Viele dieser Ermächtigungen fanden 2012 auch in das National Defense Authorization-Gesetz (NDAA) Eingang.

Obwohl zur Legitimierung sogar ein ganze Reihe lange vergessener Grundsatzurteile neu belebt werden mussten – so ein 1942 im Krieg gegen die Kriegsgegner ergangener Beschluss eines US-Militärgerichts, nach welchem sich Feinde der USA nicht auf die amerikanische Verfassung berufen durften (Fall Pastorius) –, entschieden US-Gerichte zum Teil anders, als von der US-Regierung gewünscht. Der Oberste Gerichtshof urteilte in mehreren Fällen – Rasul vs. Bush (2004), Hamdi vs. Rumsfeld und Hamdan vs. Rumsfeld (2006) sowie Boumediene vs. Bush (2008) –, dass wesentliche Teile der Anti-Terror-Gesetze nicht der US-Verfassung entsprachen. Nach Meinung der Richter verstießen sie insbesondere gegen den Habeas-Corpus-Grundsatz, das Recht jedes Inhaftierten auf unverzügliche Haftprüfung.

Eine wesentliche Einschränkung der CIA-Befugnisse folgte daraus allerdings nicht. Da aber auch Ausländer zu den von der CIA Entführten gehörten und sogar – wie der deutsche Staatsbürger Murat Kurnaz oder der Kanadier Maher Arar – Opfer von Verwechslungen waren, wurden trotzdem CIA-Mitarbeiter vor Gerichten angeklagt. 2009 verurteilten italienische Gerichte 22 CIA-Agenten wegen der Entführung des Islamisten Abu Omar im Jahr 2003 zu hohen Haftstrafen. Für 26 weitere CIA-Mitarbeiter wurde die Auslieferung beantragt.[79] Deutschland fahndet bis heute wegen der Entführung von Khaled al-Masri nach 13 CIA-Agenten.[80] Langleys Mitarbeitern half in diesen Fällen nur, dass die USA keine Staatsbürger ausliefern. Tatsächlich weigerten sich manche CIA-Agenten nun, in Black Sites zu arbeiten.

Einige Geheimgefängnisse wurden daraufhin bereits 2006 geschlossen, aber erst der 2014 auf Druck der Demokratischen Partei veröffentlichte sogenannte CIA-Folterbericht führte Mitte des folgenden Jahres zur Entscheidung des US-Kongresses,

Folter bei Verhören zu verbieten. Präsident Obama hatte kurz zuvor als Reaktion auf den Bericht zumindest das Waterboarding untersagt. Sein Versuch, Guantánamo zu schließen, scheiterte bis zum Ende seiner Amtszeit regelmäßig an der republikanischen Mehrheit im Kongress.

«The War on Terror»

Für die CIA waren die Maßnahmen im Kampf gegen den neuen alten Feind Terrorismus die Fortsetzung der bisherigen Praxis des Counterterrorism. Bereits Clinton hatte die CIA 1998 nach den Anschlägen in Kenia und Tansania in einem geheimen Memorandum of Notification dazu ermächtigt, bin Laden gefangen zu nehmen oder «auf anderen Wegen anzugreifen».[81] Die CIA richtete dafür eine eigene «bin-Laden-Einheit» ein und versuchte unter anderem, über Albanien und die afghanische Dschamīyat-i islāmī Informationen zu erhalten. Deren Anführer, Ahmed Schah Massud, wurde wohl auch deswegen am 9. September 2001, also nur zwei Tage vor den Angriffen auf die USA, durch ein Sprengstoffattentat getötet, hinter dem wahrscheinlich bereits Al-Qaida stand.

Erste, aber verworfene Pläne, bin Laden zu töten, lagen der CIA schon 1999 vor. Bis zu den Anschlägen des «9/11» erhielt aber keiner «mehr als 15 Prozent» Erfolgsaussichten im Langley-eigenen Ranking. Insofern wurde der Entschluss, mit der Operation ENDURING FREEDOM Afghanistan militärisch anzugreifen, auch für die Agency zum Ausweg. Drei Tage nach «9/11» machte der UN-Sicherheitsrat mit seiner Resolution 1368 den Weg dafür frei, als er das Recht der USA unterstrich, sich gegen Terroranschläge individuell und kollektiv zu verteidigen.

Am 7. Oktober 2001 begann die Militäroperation gegen die Taliban und Al-Qaida in Afghanistan, die bis heute nicht abgeschlossen ist. Einige Hundert CIA-Agenten und Soldaten der Special Forces wurden dafür eingesetzt, bekannte Al-Qaida-Führer zu verhaften oder zu töten. Sie trafen etwa ein Viertel des Führungspersonals, aber zunächst nicht bin Laden.[82] Dies deutete schon damals darauf hin, dass er weitreichende Unterstützung in der Region erhielt, aber es warf erneut auch kein gutes Licht auf die Ermittlungsarbeit der CIA.

Wie man heute weiß, gelang es bin Laden vermutlich bereits Anfang 2003, nach Pakistan zu entkommen, wovon man in Langley allerdings nichts ahnte. Besonders peinlich war zudem die Tatsache, dass er ausgerechnet beim US-Verbündeten Pakistan Zuflucht gefunden hatte, und zwar sogar in Abbottabad, einem Zentrum der pakistanischen Armee, wo er sich ein befestigtes Anwesen errichten durfte.

Dies alles erfuhr die CIA erst durch unter Folter erpresste Aussagen aus Guantánamo, auf deren Grundlage der 2009 ins Amt gekommene US-Präsident Obama die Agency anwies, die Ergreifung bin Ladens vorzubereiten. Bei der am 2. Mai 2011 (Ortszeit Pakistan) von einer Einheit der Naval Special Warfare Development Group (DEVGRU) durchgeführten Operation NEPTUNE'S SPEAR wurde bin Laden in Abbottabad getötet.

Auch im folgenden Teil des Kriegs gegen den Terror, dem mittlerweile Dritten Golfkrieg 2003, hinterließ die CIA wieder einen zwiespältigen Eindruck. Präsident Bush machte noch 2001 klar, den Krieg gegen Al-Qaida mit der politischen Neuordnung des Mittleren Ostens zu verbinden, die seit dem unbefriedigenden Ende des Zweiten Golfkriegs 1991 im Gespräch war. Als Kriegsgrund galt die schnell widerlegte Behauptung, Bagdad stehe hinter «9/11» und sei auf dem Weg, in großem Umfang Massenvernichtungswaffen herzustellen. Für die Entscheidung der US-Regierung zur militärischen Intervention genügte am Ende sogar eine Wahrscheinlichkeit von einem Prozent, wie US-Vizepräsident Richard «Dick» Cheney in seiner «Cheney-Doktrin» im November 2001 erläuterte.[83]

Schon Clinton hatte Kontrollen im Irak veranlasst, die allerdings auch zur Spionage genutzt wurden. Einen wirklichen Beweis, dass Bagdad außer Giftgas, das Saddam Hussein nachweislich bereits 1989 gegen kurdische Dörfer eingesetzt hatte, und Biowaffen, die 2003 tatsächlich gefunden wurden, auch Nuklearwaffen herstellte, konnte aber auch die CIA nicht erbringen. Im Gegenteil: In Langley sah man sich genötigt, fragwürdige Aussagen, wie die des Irakers Rafid Ahmed Alwan El-Dschanabi («Curveball»), zu übernehmen, obwohl man ihn niemals persönlich verhört hatte. Tatsächlich nannte US-Außenminister Colin Powell vor dem UN-Sicherheitsrat am 5. Februar 2003 Bagdads Verbindungen zu Al-Qaida sowie Nuklearwaffenprogramme als Kriegsgrund. Beides traf nicht zu.

In der Vorbereitung des Angriffs, vor allem in der Ausspähung der militärischen Ziele, war die CIA erfolgreicher. Neben US-Bürgern irakischer Herkunft, von denen etwa dreißig zur Spionage ins Land geschickt wurden, konnten in der Regierungsmannschaft Saddam Husseins Agenten angeworben werden. Heute weiß man, dass Saddams letzter Außenminister, Naji Sabri, als CIA-Agent tätig war. Er spielte der Agency Informationen zu irakischen Waffen zu. Das von der CIA Iraq Operations Group aufgebaute Netzwerk DB/ROCKSTARS, das über achtzig Agenten, unter anderem aus Saddams Eliteeinheit, den Republikanischen Garden, rekrutierte, lieferte weitere Interna über militärische Einrichtungen.[84] Hinzu kamen CIA-Kontakte zu oppositionellen Gruppen, vor allem zu den von Bagdad seit Jahrzehnten unterdrückten Kurden im Nordirak.

Ein weiterer Schwerpunkt in der Vorbereitung des Angriffs richtete sich gegen islamistische Organisationen im Irak. Die Gruppe Ansar al-Islam wurde schon 2002 im Zuge der CIA-Operation VIKING HAMMER vertrieben. Die in die Operationen eingebundenen kurdischen Peschmerga-Einheiten blieben danach Verbündete, die auch im Syrischen Bürgerkrieg seit 2011 eingesetzt wurden. Der syrische Präsident, Baschar Hafiz al-Assad, allerdings, der noch im «Krieg gegen den Terror» CIA-Verbündeter war und Black Sites zur Verfügung stellte, wurde nach dem Beginn der Kämpfe in Syrien zum Gegner erklärt.

Der Dritte Golfkrieg begann am 20. März 2003 als Operation IRAQI FREEDOM und endete offiziell am 1. Mai 2003. Da es keine tragfähige Nachkriegsordnung gab, ging er in einen bis heute anhaltenden Guerillakrieg mit islamistischen Gruppen über, der sich weit nach Syrien ausgebreitet hat. Nicht zuletzt bezieht er zunehmend Europa ein, wie zuletzt die blutige Anschlagsserie der sunnitischen Terrororganisation «Islamischer Staat» (IS) 2015/16 in Frankreich, Belgien und Deutschland zeigte.

Guantánamo als Chiffre

Der «Krieg gegen den Terror» war mit den Kriegen in Afghanistan und dem Irak nicht beendet. Für wie hilflos die CIA sich hielt, zeigte sich beispielhaft in Guantánamo, der ersten Black Site. Guantánamo war vieles, vor allem aber auch ein Zeichen der Schwäche der Agency. Man glaubte, nicht in der Lage zu sein, gegnerische Aussagen ohne systematischen Rechtsbruch zu erhalten.

Was in Guantánamo und anderen Black Sites mit maßgeblicher Beteiligung Langleys geschah, erschütterte die Welt spätestens, seit im Dezember 2014, als gegen den heftigen Widerstand der Agency und von Teilen des Kongresses die *Committee Study of the CIA's Detention and Interrogation Program*, der sogenannte Folterbericht, veröffentlicht wurde.

Treibende Kraft war der demokratisch dominierte US-Senat unter Dianne Feinstein, der aus fast 6,3 Millionen freigegebenen Berichtseiten die wichtigsten Inhalte publizierte: Nun konnte jeder lesen, dass bis dahin mindestens 119 Personen in den Black Sites völkerrechtswidrig festgehalten worden waren, davon wahrscheinlich 26 sogar irrtümlich.[85] Wie viele es genau gewesen waren, wusste selbst die CIA nicht. 39 Insassen waren den «Enhanced Interrogation Techniques», wie Waterboarding, Schlafentzug und einer Vielzahl von spezifischen Erniedrigungen, unterzogen worden.

Das zentrale Ergebnis aber war, dass dies kaum verwertbare Ergebnisse gebracht hatte. Fast keiner der zwanzig von der CIA in ihren Berichten angegebenen Erfolge im «Krieg gegen den Terror» fußte auf Aussagen von Gefolterten. Im Gegenteil: Die Misshandlungen hatten weit häufiger in falsche Richtungen geführt. Für den US-Kongress wurde eine weitere Aussage des Berichts entscheidend: Er, wie auch das Weiße Haus, waren wieder einmal aus Langley unvollständig oder falsch informiert worden.

Die Ergebnisse des Berichts fügten sich in das bisherige Bild: Erweiterungen von CIA-Kompetenzen führten nicht zu besseren Ergebnissen. Seit «9/11» hatten überall auf der Welt rund zwanzig weitere schwere Anschläge stattgefunden, ohne dass der mittlerweile durch den umfassendsten Freibrief ihrer Geschichte ausgestatteten Agency bessere Voraussagen oder Gegenmaßnahmen gelangen. Durch Islamisten starben unter anderem 2002 auf Bali 202 Menschen, 2005 in London 56 (7.7.), 2007 in Sindschar 60 (14.8.), 2008 in Mumbai 174 (26.11.), 2009 in Marrakesch 17 (28.4.), 2013 in Boston 3 (15.4.), 2015 in Paris 147 (7.1./13.11.) und 2016 in Brüssel 35 (22. 3.).[86]

Wesentlich bessere Ergebnisse als aus Folterungen hatte die traditionelle Nachrichtenarbeit gebracht, manchmal auch nur der Zufall. Dadurch waren 2001 Anschläge in Paris (13.9) und Singapur (9.12.), 2002 in London (5.1.), 2006 in New York (7.7.), Köln (31.7.) und auf Transatlantikflügen (10.8.) sowie 2007 in Frankfurt a.M. und Ramstein verhindert worden. Weitere Attentate stoppte nur das Eingreifen Dritter. Dazu gehörte 2001 der Anschlag des «Schuhbombers», Richard Reid, in einem Flugzeug der American Airlines (22.12.).

Ein weiteres Detail im «Folterbericht» hielten viele für besonders erschreckend: Guantánamo und die anderen Black Sites reihten sich nahtlos in eine besonders problematische CIA-Tradition ein. Parallelen zu fragwürdigen Menschenversuchen seit den Fünfzigerjahren und kriminellen Machenschaften in CIA-Drogengeschäften in den 1960ern fielen nicht nur Insidern sofort ins Auge. Ob Häftlinge wie damals auch in den Black Sites zu medizinischen Versuchen missbraucht wurden, wie manche mutmaßten, bleibt bis zur endgültigen Klärung offen. Guantánamo wurde so zur Chiffre für eine fortgesetzt negative Richtung in der CIA, in der jegliche moralische Hemmungen angesichts einer als umfassend angenommen Bedrohung fielen.

Warum sich die Agency diese Blöße gab, bei der sicher war, dass sie – falls sie an die Öffentlichkeit kommen würde – ihre

Akzeptanz erneut beschädigen würde, hatte allerdings noch weitere Gründe. Zum einen blieb man in Langley – nicht zuletzt angesichts breiter politischer Unterstützung – von der Rechtmäßigkeit des von der US-Regierung angeordneten Programms überzeugt, wie CIA-Direktor John Brennan noch im Dezember 2014 betonte.[87] Tatsächlich äußerten sich sogar noch 2016 prominente US-Präsidentschaftskandidaten positiv zur Folter.[88]

Zum anderen war man wohl wieder einmal fest davon überzeugt, dass nichts an die Öffentlichkeit dringen werde. Tatsächlich waren zunächst nur knapp 200 Personen darüber informiert, und ohne Whistleblower wäre vieles geheim geblieben.[89] Drittens trat erneut der unter anderem aus dem Vietnamkrieg bekannte Effekt ein, dass CIA-Operationen eine spezifische Eigendynamik entwickelten: Mit zunehmender Frustration angesichts fehlender Erfolge brutalisierte sich auch der «Krieg gegen den Terror».

Der «Islamische Staat»

Besonders deutlich zeigten sich die Grenzen der CIA-Arbeit angesichts der Erfolge der ab 2003 entstehenden Terrororganisation «Islamischer Staat» (IS). Der IS, die bislang organisierteste Form des Islamismus, entstand als Folge des Dritten Golfkriegs und der Unfähigkeit der USA, nach ihrem schnellen Sieg eine tragfähige Nachkriegsordnung zu etablieren. Die erste IS-Gruppe unter der Führung des bereits 2006 getöteten Jordaniers Abu Musab al-Zarqawi rechnete sich zunächst noch zu Al-Qaida, deren Ziele allerdings rasch zu klein wurden.

Nachdem sich der IS 2006 als eigenständig deklariert hatte, folgte am 4. Juli 2014, als seine Einheiten bereits ein weites Gebiet im Irak und Syrien unter Kontrolle gebracht hatten, die Proklamation eines sogenannten Kalifats durch den zentralen Ideologen, Ibrahim Awad Ibrahim al-Badri (genannt: Abu Bakr al-Baghdadi). Dass dies ausgerechnet am amerikanischen Unabhängigkeitstag stattfand, war programmatisch, galten doch die USA als entscheidender Gegner. Dass es um ein muslimisches Gegenimperium ging, zeigten auch die im Internet präsentierten Karten: ein Reich, das von Westeuropa und Nordafrika bis nach Indien reichen sollte.

Die Vision fußte vor allem auf der Unzufriedenheit der Sunniten, die sich seit 2003 im Irak von der schiitischen Minderheit unterdrückt fühlten. Die militärische Gründergeneration des IS rekrutierte sich aus ehemaligen sunnitischen Offizieren und Verwaltungsbeamten Saddam Husseins. Gerade das IS-Führungspersonal zeigte auch, wie kontraproduktiv die CIA-Politik war. Viele kannten sich aus dem berüchtigten, erst 2009 geschlossenen Camp Bucca. Auch die Berichte aus dem Foltergefängnis Abu Ghraib, in dem CIA-Angehörige am Tod von Häftlingen beteiligt waren, wirkten als Rekrutierungshilfe für den IS. Besonders bekannt wurde der Fall Manadel al-Jamadi, der dort im November 2003 nach Folterungen gestorben war. Die beteiligten CIA-Mitarbeiter waren unter Berufung auf das Military Commissions-Gesetz von 2006 nicht einmal zur Rechenschaft gezogen worden.

Die IS-Erfolge im Irak und Syrien machten das Unvermögen der Agency, Entwicklungen vorherzusagen und rechtzeitig geeignete Gegenstrategien zu schaffen, schlagartig noch einmal deutlich. Allerdings räumten dies auch andere US-Geheimdienstführungen ein; namentlich Michael Flynn, der langjährige Direktor der Defense Intelligence Agency (DIA), im November 2015.[90] Problematisch war auch das Unvermögen der CIA, den IS mit eigenen Agenten zu unterwandern und den mit Milliardenaufwand aufgebauten neuen irakischen Geheimdienst INIS (Iraqi National Intelligence Service) schlagkräftig zu machen.

Der IS schlägt Langley heute (2017) selbst auf ureigensten CIA-Gebieten, so im Cyberwar, wo er nicht nur neue Kämpfer rekrutiert, sondern auch seine Drohungen platziert. Auch IS-Attentate, wie sie 2015/16 verstärkt in Westeuropa stattfanden, sind offensichtlich von der Agency nicht im Vorfeld zu verhindern. Das neu aufgebaute CYBERCOM konnte allerdings im April 2016 ein IS-Logistikzentrum vernichten. Unübersehbar bleibt, dass bevorstehende Anschläge häufig durch freiwillige Informanten («Selbststeller») aus dem IS, seltener durch die CIA-Nachrichtenarbeit aufgedeckt wurden.

Gegenwärtig setzt die Agency im Kampf gegen den IS vor allem auf herkömmliche Verdeckte Operationen sowie den Einsatz bewaffneter Drohnen. Im irakisch-syrischen Grenzgebiet wurde schon im Oktober 2008 Abu Ghadiya (Badran Turki Hishan al-Mazidi), einer der IS-Organisatoren, durch eine Drohne getötet. Seit 2012, verstärkt seit 2014, organisiert die CIA zudem die verdeckte Lieferung von Waffen und anderer Unterstützung an oppositionelle Gruppen, die gegen den IS, aber zum Teil auch gegen die Truppen des syrischen Präsidenten Assad kämpfen. Dazu gehören die bereits seit dem Dritten Golfkrieg verbündeten Kurden, aber auch die islamistische Al-Nusra-Front (Jabhat al-Nusra), die sich bis Juli 2016 der islamistischen Al-Qaida zurechnete und ursprünglich auch IS-Aktivisten sammelte. Nicht wenige vermuten hier dieselben Fehler wie in der Operation CYCLONE in Afghanistan.

9. «Dirty Tricks» und anderes: Eine Auswahl

Kulturkampf

Intern war die CIA bereits in den Anfangsjahren für ihre «Dirty Tricks» bekannt und wandte sie erstmalig im italienischen Wahlkampf 1947/48 an. Damals spielten nicht nur «schmutzige Tricks» eine wesentliche Rolle, sondern es konnte auch die Wirksamkeit der Psychologischen Kriegsführung, insbesondere auf kulturellem Gebiet bewiesen werden. Der damalige OPC-Chef Frank Wisner prägte dafür das Wort von der CIA als «Mighty Wurlitzer», die Orgel, die im Kalten Krieg den Ton vorgab. Der «Kulturkampf» wurde eines der wichtigsten Operationsgebiete, die versuchte den Gegner, aber auch die eigene Seite gezielt zu beeinflussen. Schon am Ende der Vierzigerjahre startete unter der Leitung von Frank Wisner und Cord Meyer die dann sehr erfolgreiche Operation MOCKINGBIRD, um Einfluss auf Medien und Verlage im Westen zu erhalten.

Neben der offiziellen United States Information Agency (USIA), die unter anderem den RIAS lenkte und in deren Gremien hochrangige CIA-Vertreter saßen, wurden bereits ab 1949 mithilfe der Agency bedeutende halboffizielle Organisationen gegründet: Das National Committee for a Free Europe (NCFE) betrieb Radio Free Europe, und das American Committee for the Liberation of the Peoples of Russia (AMCOMLIB) wurde zur Muttergesellschaft von Radio Liberation/Radio Liberty. Zur Schlüsselfigur im NCFE wurde bis in die Fünfzigerjahre der eng mit der CIA verbundene Charles Douglas «C. D.» Jackson, der sogar an den NSC-Sitzungen teilnahm. Ab 1950 arbeitete der ebenfalls private, aber mit enormen Finanzmitteln ausgestattete Congress for Cultural Freedom (CCF) faktisch als verdeckte CIA-Propagandaabteilung. Der CCF schickte ganze Orchester um die Welt, organisierte aufsehenerregende Ausstellungen, Lesungen, Filmevents und Konferenzen. Heute weiß man, dass die CIA rund 170 solcher «Dummy Foundations» unterhielt, um seine Einflussnahme zu verschleiern.[91] Anders als RFE/RL, das den Kalten Krieg überlebte, aber schon lange vorher der CIA entzogen wurde, starb der CCF 1967 mit dem Bekanntwerden der wahren Geldgeber. Seine Nachfolger waren bei weitem nicht mehr so erfolgreich.

Das Konzept, den staatlichen Medien in kommunistischen Ländern einen freien Journalismus als Gegenbild zu präsentieren, stellte sich als Erfolgsmodell heraus. Schnell stiegen auch Fernsehen und schließlich das Internet ein. Deswegen wurde es nach dem Kalten Krieg fast unverändert beibehalten. Zu Beispielen wurden «Radio and TV Martí», das bis heute nach Kuba sendet, das 1998 entstandene «Radio Free Iraq» sowie seit 2004 «Radio Free Syria». Alle drei setzten auch auf das Internet. Gegenmaßnahmen, wie das «Jamming» oder die Internetzensur, erwiesen sich in den meisten Fällen als nutzlos.

Die CIA sah den Kulturkampf aber nicht nur als Werkzeug gegenüber feindlichen Staaten, sondern auch als Mittel zur Einflussnahme auf die US-Bevölkerung und den Westen. Auf subtile Weise sorgte die Agency seit den Fünfzigern dafür, Antikommunismus und Patriotismus, aber auch ein positives Image der Agency in der Öffentlichkeit zu platzieren. Hilfreich waren Hollywood-Studiobosse, wie Luigi Luraschi von Paramount oder Darryll Zanuck von 20th Century Fox, Regisseure, wie John Ford oder Cecil B. DeMille, oder auch Schauspieler, wie John Wayne. Darüber hinaus kaufte die CIA Filmrechte von Erfolgsautoren, so George Orwells *Animal Farm* (1954), förderte Streifen wie *Planet of the Apes* (1968), *The Recruit* (2003) oder *Argo* (2012), um nur einige zu nennen. Nicht immer gelang die Einflussnahme, wie schon 1952 das misslungene Verbot des Films *The Little World of Don Camillo* zeigte, der nach CIA-Auffassung Kommunisten zu harmlos darstellte.

Neben den Filmstudios wurden große Fernsehanstalten wie CBS ebenfalls Partner. Dies belegte 1977 im Nachklang des «Familienjuwelen»-Skandals zum ersten Mal der Artikel *The CIA and the Media* des bekannten «Watergate»-Enthüllers Carl Bernstein in der Zeitschrift *The Rolling Stone*. Er zeigte, dass schon in den Fünfzigerjahren der CBS-Chef William S. Paley mit seinen engen Kontakten zum damaligen CIA-Chef Allen Dulles für die gewünschte politische Ausrichtung seiner Sender sorgte. Keine Überraschung, dass lange Zeit nur Positives über die Agency berichtet wurde.

Nicht im Sinne Langleys war es hingegen, dass in den zurückliegenden Jahrzehnten verstärkt pensionierte CIA-Mitarbeiter in Filmproduktionen mitarbeiteten. Dabei missfiel der Agency, wie unkontrolliert internes Wissen oder unvorteilhafte Inhalte einflossen. Besonders in der Kritik stand dabei neben einer Reihe unerwünschter Dokumentationen die Komödie *Meet the Parents* (2000) um einen kontrollsüchtigen ehemaligen CIA-Offizier (gespielt von Robert De Niro) und *The Good Shepherd* (2006), der die Entwicklung eines sensiblen Idealisten (gespielt von Matt Damon) zu einem gefühlskalten Geheimdiensttechnokraten zeigt. Auch *Charlie Wilson's War* (2007) gehört dazu, die Geschichte eines Abgeordneten (gespielt von Tom Hanks), der nicht nur legale Mittel einsetzt, um Waffen an die gegen die Sowjets kämpfenden afghanischen Mudschaheddin liefern zu lassen, und am Ende mit seinen Warnungen vor den Folgen der Hilfen scheitert. Dass satirische Cartoons wie *American*

Dad (seit 2005) ebenfalls auf Ablehnung stießen, liegt auf der Hand.

Auch der Einfluss der Agency auf die US-Presse wurde 1977 durch Bernsteins Artikel zum ersten Mal einer breiteren Öffentlichkeit bekannt. Er zeigte, dass bestimmte Periodika und Auslandspressedienste von der CIA finanziert wurden und einzelne Herausgeber, wie Arthur Hays Sulzberger von der *New York Times*, sogar Verträge mit der Agency schlossen. Bis in die Sechzigerjahre waren demnach zehn seiner Korrespondenten gleichzeitig CIA-Agenten.[92] Ebenso mit Langley verbunden war der auf Gesellschaftsskandale spezialisierte *National Enquirer* unter Gene Pope Jr., der ebenfalls bereits Anfang der Fünfzigerjahre mit der CIA vereinbarte, keine Enthüllungen über die Agency zu veröffentlichen. Auch hier gab es eine Riege von der Agency sogar operativ geschulter CIA-naher Journalisten. Ähnliche Verbindungen fanden sich mit den Magazinen *Time* und *Newsweek*.

Bis heute gewährt Langley ausgewählten Journalisten und Wissenschaftlern mehr Einblick als anderen. Ihre Publikationen werden allerdings trotzdem vor der Veröffentlichung kontrolliert und Passagen gegebenenfalls geschwärzt. In den letzten Jahren gehörten William J. Daughertys *Executive Secrets* (2004) und Richard H. Immermans *The Hidden Hand* (2014) dazu. Nicht erwünschte Veröffentlichungen versucht die Agency dagegen nach wie vor zu verhindern. In der jüngeren Vergangenheit betraf dies *The CIA and the Heroin* (2003) von Alfred McCoy. Ende 2014 wurde öffentlich, dass die CIA ausgesuchte Publikationen förderte, die ihre Gezielten Tötungen positiver darstellen.

Seit der allgemeinen Verbreitung des Internet am Ende des Kalten Krieges ist der CIA ein ganz neues Operationsgebiet in ihrem Kulturkampf zugefallen. Auch wenn es, anders als der russische Präsident Putin 2014 argwöhnte, keine Erfindung der CIA war, so hatte doch die Intelligence Community bei der Einführung des öffentlichen Internets tatsächlich darauf geachtet, entscheidenden Einfluss zu behalten.[93] Die wichtigsten Router stehen nach wie vor in den USA, und gezielt wird bis heute die

Kooperation auch mit kommerziellen Anbietern gesucht, um eine mögliche umfassende Überwachung zu gewährleisten. Ob dafür auch auf den Inhalt etwa von Wikipedia gezielt Einfluss genommen wird, wie immer wieder vermutet, ist bislang nicht ausreichend belegt.

Ungewöhnliche Methoden

Viele «Dirty Tricks» der CIA sind kurios und nur aus dem Versuch verstehbar, im Kalten Krieg keine Möglichkeit auszulassen, den Gegner zu schwächen. Für die Entwicklung von besonderen Einsatzmitteln blieben die technischen Abteilungen der Agency zuständig, die 1951 mit der legendär gewordenen TSS begannen und heute im Directorate of Science and Technology arbeiten. Gerade hier wurden aber auch immer wieder Einzelpersonen und Institute außerhalb der CIA beauftragt.

CIA-Chef Allen Dulles suchte 1953 sogar den damals wohl weltweit berühmtesten Magier, John Mulholland, persönlich auf, um ihn zur Mitarbeit zu gewinnen. Als Ergebnis legte dieser noch im selben Jahr sein Zauberhandbuch unter dem Titel *The Official CIA Manual of Trickery and Deception* vor. Es gab Hinweise, wie man ungesehen Drogen oder Gifte verabreichen, Objekte entwenden oder sich aus Gefangenschaft befreien konnte.

In welcher Weise die Empfehlungen Mulhollands in der Praxis Anwendung fanden, ist nicht bekannt. Doch viele seiner Tricks gehörten früh zum CIA-Geheimdienstalltag, wie Attentatspläne auf missliebige Staatschefs zeigen. Dass Fidel Castro mit vergifteten Zigarren, Gamal Abdel Nasser mit kontaminierten Zigaretten, Patrice Lumumba mit giftiger Zahnpasta und Abd al-Karim Qasim mit infizierten Taschentüchern beseitigt werden sollte, erscheint wie von Mulholland entliehen. Weitere Attentatsziele waren neben Stalin der chinesische Ministerpräsident und Außenminister Tschou En-lai sowie der indonesische Staatschef Achmed Sukarno. Ob etwa der 1986 ermordete schwedische Ministerpräsident Olof Palme der CIA zum Opfer fiel, bleibt offen. Klar ist, dass er wegen seiner Kontakte zu missliebigen Gruppen und Regierungen auch in der Agency verhasst war.

Mulhollands Arbeit fügte sich in ein Jahre zuvor begonnenes CIA-Programm ein, das unter den Bezeichnungen CHATTER (1947), BLUEBIRD (1950), ARTICHOKE (1951–53), MKULTRA (1953–64) und MKSEARCH (1964–72) unter der Gesamtleitung von Sidney Gottlieb, dem Chef des Technical Services Staff, an Praktiken zur «Bewusstseinskontrolle» arbeitete. Dabei wurden Methoden der Psychologie und Psychiatrie wie Hypnose, Elektroschocks und Psychochirurgie, «Wahrheitsdrogen» wie LSD, Meskalin und Angel Dust, aber auch Gifte, Krankheitserreger und Folter eingesetzt. Das 1963 fertiggestellte CIA-Handbuch für Verhöre – *Kubark Counterintelligence Interrogation* –, das diese Praktiken als Lehrbuch versammelte, wurde ein «Klassiker» der «Folterforschung».

Wenig überraschend war es bei der Veröffentlichung des «CIA-Folterberichts» 2014, dass die Agency sich bei der Weiterentwicklung der Methoden immer wieder Hilfe von Psychologen geholt hatte. Ihre professionelle Unterstützung bei der «verschärften Befragung» in Black Sites während des «Kriegs gegen den Terror» hatten sich die beiden angeworbenen Spezialisten, James Mitchell und Bruce Jessen, seit 2005 mit rund 81 Millionen Dollar vergüten lassen.[94]

Zahlreiche weitere Programme, wie MKDELTA, MKNAOMI oder MKCHICKWIT, in denen die CIA mit der US-Armee zu chemischen und biologischen Waffen forschte, zeigten die Bereitschaft vieler, auch ziviler Wissenschaftler, mit der Agency zu kooperieren. Das rund zehn Jahre verfolgte Projekt MKULTRA umfasste 182 Einzelvorhaben, in die 44 Colleges und Universitäten (u.a. Berkeley), 15 Forschungseinrichtungen (u.a. CIA-eigene «Safe Houses» in New York und San Francisco), zwölf Kliniken (u.a. Menlo Park) und drei Strafanstalten einbezogen waren. An den Versuchen mit ahnungslosen Patienten waren namhafte amerikanische Psychiater, wie Donald Ewen Cameron und John Gittinger, beteiligt. In Gittingers MKULTRA-Projekt verabreichte man seit 1955 unter anderem zehn Jahre lang arglosen Partygängern LSD und protokollierte die Reaktionen.

Alles das war moralisch, juristisch und nicht zuletzt professionell höchst zweifelhaft. Vor der vom US-Kongress in den Siebzigerjahren erzwungenen Enthüllung hatten bereits Romane und Filme die psychiatrischen Experimente offenbart. Berühmt wurde der 1962 veröffentlichte Roman *One Flew Over The Cuckoo's Nest*, in dem der Autor Ken Kesey seine eigenen Erfahrungen als Pfleger in der Psychiatrie von Menlo Park zeigte. Robert Ludlum nahm in seinem 1980 erschienenen Roman *The Bourne Identity* vieles von dem, was über solche Praktiken durch die «Family Jewels»-Enthüllungen bekannt wurde, auf. Beide Titel wurden als Spielfilme Kassenerfolge.

Heute weiß man, dass solche Versuche nicht nur in der Fiktion, sondern auch in der Realität zum Tod von Patienten führten. Auf ungeklärte Weise kam 1953 aber auch der Bakteriologe Frank R. Olson zu Tode, der in Fort Detrick im Rahmen von MKULTRA zu Milzbranderregern forschte und dafür den Kontakt zu ehemaligen deutschen KZ-Ärzten wie Kurt Blome und Walter Paul Schreiber pflegte. Wie das überraschende Ableben des ehemaligen DCI William Colby 1996, kurz bevor er über MKULTRA aussagen sollte, bieten solche Fälle bis heute breiten Raum für Spekulationen.

Die Aufzählung ungewöhnlicher Maßnahmen ist selbstverständlich unvollständig. Erwähnt seien hier aber noch die bizarr anmutenden, millionenschweren CIA-Programme zur Abrichtung von Tieren. ACOUSTIC KITTY war in den Sechzigerjahren der Name eines CIA-Projekts, das Katzen mithilfe eines im Maul implantierten Mikrofons dazu befähigen sollte, Gespräche in feindlichen Einrichtungen abzuhören, wo «Wanzen» nicht mehr einsetzbar waren. Der Plan scheiterte an der sprichwörtlichen Eigenwilligkeit der Katzen. Anders als Hunde, Seelöwen und Delphine, denen die US-Marine sogar ein eigenes «Mammal Program» (NMMP) widmete, verweigerten sie sich. Erst aber 1967 wurde ACOUSTIC KITTY endgültig zu den Akten gelegt.

Area 51

Geheimnisumwittert blieben auch die Vorgänge in der «Area 51», einem militärischen Sperrgebiet im US-Bundesstaat Nevada, das von der Agency genutzt wurde. Aufgrund der Geheimhaltung, die Langley erst 2013 aufhob, war es wohl unumgänglich, dass dort der Mythos CIA ins Phantastische wuchs. Glaubt man Zeitzeugen, arbeiteten dort sogar Außerirdische.

Nachgewiesen ist nur Irdisches: Schon während des Zweiten Weltkriegs waren hier Waffen getestet worden. In den benachbarten Yucca- und Frenchman Flats detonierten zwischen 1951 und 1991 nukleare Sprengsätze. Den Hintergrund für die meisten Legenden um die Area 51 bildeten jedoch hochgeheime Black Projects, die die CIA in Zusammenarbeit mit der Air Force und Rüstungsfirmen vorantrieb: Tests von Beutewaffen, neuer Aufklärungstechnik und revolutionären Flugzeugtypen.

Das CIA-Programm AQUATONE, die Entwicklung eines Aufklärers, der von der feindlichen Flugabwehr nicht erreicht werden konnte und die Bezeichnung Lockheed U-2 Dragon Lady erhielt, startete 1954. Nach Tests in der Area 51 war sie seit 1956 als CIA-Projekt über gegnerischem Gebiet im Einsatz. Erst als 1960 U-2-Aufklärer über der UdSSR, Kuba und China abgeschossen wurden, folgte hier das ebenso spektakuläre Nachfolgeprojekt mit der noch futuristischer anmutenden Lockheed A-12 Oxcart (weiterentwickelt als SR-71 Blackbird). Die CIA-eigene 1129th Special Activities Squadron (1129th SAS) setzte sie unter anderem über Nordvietnam und Nordkorea ein.

Parallel testete die CIA in der Area 51 weitere ungewöhnliche Flugzeuge. Dazu gehörte die Lockheed T-33 Shooting Star, die McDonnell F-101 Voodoo und nicht zuletzt die mehr an eine Rakete erinnernde Lockheed F-104 Starfighter. Seit den Sechzigerjahren folgten Versuche mit unbemannten Drohnen, so der mit dreifacher Schallgeschwindigkeit fliegenden Lockheed D-21 Tagboard. Wie alle Maschinen über der Area 51 flogen sie ohne oder mit Phantasiekennzeichnung.

Weitere ungewöhnliche Flugzeuge erschienen über der Area

51 vor allem in den Siebzigern, als die ersten «Tarnkappenbomber» getestet wurden und mit ihnen weitere Legenden auftauchten. Versuche mit radarabsorbierenden Materialien fanden in den USA wahrscheinlich bereits im Zweiten Weltkrieg statt. Die CIA testete sie mit der U-2 und deren Nachfolgern. Von Lockheed Martin wurde 1977 auch die F-117 Nighthawk in der Area 51 erprobt. Northrop testete 1982 hier den ersten Prototyp seines Nurflüglerbombers B-2 Spirit (XB-49) – heute der Inbegriff des Stealth-Bombers. Manche Muster blieben so geheim, dass sie wie die 2005 in Dienst gestellte Lockheed Martin F-22 Raptor zunächst nur aus den USA zu Einsätzen starten durften. Bis heute bleibt die Area 51 ein zentrales Versuchsgebiet, wo unter der Beteiligung Langleys vor allem Weiterentwicklungen der Stealth- und Drohnen-Technologie getestet werden.

Geheimarmeen

Nicht weniger mysteriös waren die Geheimarmeen der CIA. Vorbereitungen starteten bereits in den ausgehenden Vierzigerjahren mit der Sammlung antikommunistischer Emigranten, wie es auch die 1948 unter der Leitung Frank Wisners im OPC gestartete Operation BLOODSTONE vorsah. Drei Jahre später wurde vom US-Kongress das Lodge-Philbin-Gesetz verabschiedet, das Flüchtlingen offiziell erlaubte, in die US-Armee einzutreten und dafür die Aufenthaltsgenehmigung für die Vereinigten Staaten zu erhalten. Auch das Pentagon stellte 1953, nachdem Eisenhower die NSC-Richtlinie 143 unterzeichnet hatte, ein eigenes Volunteer Freedom Corps (VFC) auf.

Geheime CIA-Kampfgruppen trainierten schon 1949 für Umsturzversuche in Albanien und Jugoslawien und wurden dort, wie gesehen, auch eingesetzt. Im selben Jahr startete die Rekrutierung von Partisanen für das Stay Behind-Netzwerk GLADIO – Partisanen für den gefürchteten Krieg mit der Sowjetunion. In Westdeutschland geschah dies durch die CIA-Niederlassung in Karlsruhe. Drei Jahre später wurde dies durch einen Skandal öffentlich: Ausgerechnet Mitglieder des rechtsextremen Bundes Deutscher Jugend (BDJ) waren als «Technischer Dienst» angeworben, vom Technical Services Staff der CIA ausgerüstet und verdeckt als Zivilangestellte des United States Information and Education Program (USIE) beschäftigt worden.

Der BDJ war nur der erste bundesdeutsche Teil des großen, von der CIA und dem NATO-Oberkommando SHAPE betreuten europäischen Netzwerks GLADIO. Dessen Einheiten sollten sich nach dem «Tag X» von den feindlichen Truppen überrollen lassen, danach Aufklärungsmissionen führen, versprengten eigenen Soldaten helfen, Sabotage verüben und den Widerstand organisieren. Weitere Gruppen wurden in Nord-, West- und Südeuropa aufgebaut, für die ebenfalls Waffenlager eingerichtet wurden. Solche Magazine wurden schon während des Kalten Krieges entdeckt; so in Norwegen 1978 und in den Niederlanden 1983.

Wie groß die einzelnen Einheiten waren und wo ihre Depots lagen, wussten wohl nur die beteiligten US-Stellen. Der damalige Ministerpräsident Italiens, Giulio Andreotti, schätzte 1990 die italienische Sektion auf 622 Personen und 139 Waffenlager.[95] In der Bundesrepublik waren 1952 neben dem dann ausgeschiedenen BDJ 75 BND-Angehörige und eine Fernspähkompanie der Bundeswehr beteiligt. In den folgenden Jahren übten sie mit den GLADIO-Einheiten anderer Staaten. Weitere Abteilungen gab es in Frankreich, Spanien, Belgien, den Niederlanden, Griechenland, der Türkei, Österreich, der Schweiz, Dänemark, Norwegen, Schweden und Finnland.

Dass es tatsächlich gelang, das Netzwerk selbst in neutralen Ländern zu installieren, hat kein Geringerer als der von 1973 bis 1976 amtierende CIA-Chef William Colby in seinen Memoiren bestätigt.[96] Ob die geheimen Waffenlager auch, wie vermutet, für Anschläge rechter Gruppen genutzt wurden, ist bis heute nicht ausreichend belegt.

Eine weitere verdeckte CIA-Armee unter dem Projektnamen RED SOX/RED CAPS, über die bereits im Zusammenhang mit dem Ungarnaufstand 1956 gesprochen wurde, entstand nach Chruschtschows Geheimrede 1956 unter Berufung auf das

1954 verabschiedete NSC-Papier 5412. Auch hier rekrutierte man Emigranten und Flüchtlinge aus Ostmitteleuropa, die nahe München in einem eigenen Trainingslager der Agency ausgebildet wurden. In der CIA trugen dafür die in Verdeckten Operationen bewährten Frank Wisner und James Angleton sowie der stellvertretende Direktor für «Community Affairs», Lucian Truscott, die Verantwortung.

Aufgabe des Projekts RED SOX/RED CAPS sollte es sein, die nach der Rede Chruschtschows erwarteten neuen Aufstände in Ostmitteleuropa zu unterstützen. Bis zur Ungarischen Revolution im Oktober 1956 entstanden die Pläne. Dort kam es auch zum ersten Einsatz, als am 23. Oktober 1956 ihre Einheiten den Aufstand organisieren sollten. Soweit rekonstruierbar, geschah dies ohne Wissen Eisenhowers und war damit eine der vielen eigenmächtigen Operationen der CIA, die sich allerdings auch diesmal durch die zahlreichen offiziellen Bekenntnisse zur Rollback Policy gedeckt fühlte. William Colby bestätigte später, dass sich die CIA danach auf ein noch größeres Unternehmen vorbereitete, das allerdings von Eisenhower untersagt wurde. Der Präsident verbot gleichzeitig jegliche weitere Versuche, «ein Gebiet im sowjetischen Machtbereich zu befreien».[97]

Die Geschichte der RED SOX/RED CAPS war damit noch nicht zu Ende. Zwar gingen die in Budapest eingesetzten Gruppen angesichts der sowjetischen Überlegenheit ebenso wie die ungarischen Aufständischen militärisch unter, und möglicherweise war dies sogar der Grund für den später folgenden Selbstmord von Frank Wisner. Doch setzte die CIA ihre Vorbereitungen für die Befreiung anderer osteuropäischer Staaten unter Beteiligung der RED SOX/RED CAPS fort. Eine wenig später eingeleitete Überprüfung durch Lucian Truscott ergab, dass noch 1957 Vorbereitungen für einen geheimen Einsatz in der Tschechoslowakei liefen. Als Ergebnis seines Berichts wurde das Projekt RED SOX/RED CAPS danach auf Befehl Eisenhowers beendet, die Einheit aufgelöst.

Die Geschichte der CIA-Geheimarmeen endete damit nicht. Während der gescheiterten Invasion Kubas 1961 ging auch die von der CIA ebenfalls auf Basis des NSC-Papiers 5412 aufgestellte, trainierte und geführte Geheimarmee Brigade 2506 unter. Weitere verdeckte Einheiten stellte die Agency unter anderem für Tibet, für Laos («L'Armée Clandestine») und für verschiedene Länder Lateinamerikas auf. Am bekanntesten wurden dort die sogenannten Contras, die die CIA in den Achtzigerjahren in Nicaragua einsetzte.

Gezielte Tötungen und «Cyberwarfare»

Gezielte Tötungen – «Targeted Killings» – gehörten von Anfang an zum Aufgabenbereich der CIA. Dazu zählten zunächst Attentate auf zumeist prominente Einzelpersonen, nicht zuletzt Staatsführer. Bislang ist nicht geklärt, wie viele Personen dem zum Opfer fielen und inwieweit auch «Verräter» aus den eigenen Reihen, Whistleblower oder unerwünschte Journalisten zum Ziel wurden. Eine Reihe von Todesfällen blieb jedenfalls ungeklärt.

Der Vietnamkrieg brachte seit Mitte der 1960er Jahre mit der CIA-Operation PHOENIX und dem «Beschleunigten Befriedungsprogramm» (Accelerated Pacification Program) eine massive Steigerung der Gezielten Tötungen. Auf der Basis der französischen Praxis im Algerienkrieg entwickelt, folterten und töteten durch CIA-Agenten angeleitete Südvietnamesen zwischen 1967/68 und 1973 wahrscheinlich weit über 20 000 Menschen, um die Viet Cong (offiziell: Front National de Libération du Sud-Viêt Nam; FNL) zu schwächen.[98] Die 1971 durch einen Senatsbericht bekannt gewordenen grausamen Einzelheiten verstärkten damals in der ohnehin gegenüber dem Vietnamkrieg immer kritischeren US-Bevölkerung das öffentliche Unbehagen auch gegenüber der CIA. Die Agency bemühte sich indessen weiter, die Erfolge des PHOENIX-Programms zu betonen. Bis heute ist umstritten, welche Effekte überwogen: Es gelang die partielle Zerschlagung der FNL-Infrastruktur, gleichzeitig wuchsen aber der Widerstand in Südvietnam und die weltweiten Sympathien für die Viet Cong.

Einige der PHOENIX-Spezialisten wurden weltweit eingesetzt, wie das Beispiel Félix Rodríguez zeigt. Er hatte schon 1961 an der gescheiterten CIA-Invasion Kubas teilgenommen, war danach für die Verfolgung und Gezielte Tötung des kubanischen Revolutionärs Che Guevara im Rahmen einer gemeinsamen Operation der CIA mit der bolivianischen Armee 1967 zuständig, gehörte danach zum PHOENIX-Team in Vietnam und wurde in den Achtzigern in das Contra-Programm für Nicaragua eingebunden.

Gezielte Tötungen unterstützte die CIA in den Siebziger- und Achtzigerjahren schwerpunktmäßig in Lateinamerika, wo nun regelmäßig sogenannte Todesschwadronen eingesetzt wurden. Als bekannteste Operationsserie gilt CHARLY, die 1977 in Argentinien startete und in der die CIA bis 1985 mit fast allen lateinamerikanischen Staaten kooperierte. Auch dabei gab es massive Verletzungen des Völkerrechts. Für die Operationen in Guatemala, wo Langley sich seit den Achtzigerjahren an der brutalen Säuberungspolitik der Regierungen Ríos Montt und Mejía Víctores gegen «Rebellen» beteiligt hatte, entschuldigte sich US-Präsident Clinton 1999 sogar offiziell.

Die Entwicklung der letzten zwei Jahrzehnte zeigt, dass zwar nicht das Konzept der Targeted Killings aufgegeben wurde, aber die CIA den direkten Einsatz von Kommandos gegen einzelne Zielpersonen zunehmend vermied. Insofern blieb die heute wohl bekannteste Gezielte Tötung in diesen Jahren eine Ausnahme: die Exekution Osama Bin Ladens am 2. Mai 2011 im Zuge der Operation NEPTUNE'S SPEAR in Pakistan nach Vorbereitung durch die CIA.

Die neue Regel erläuterte schon zwei Jahre vorher der 2009 im Auftrag des damals amtierenden CIA-Direktors Leon Panetta erstellte Bericht *Best Practices in Counterinsurgency. Making High-Value Targeting Operations an Effective Counterinsurgency Tool.* Hier wurde zwar die Gezielte Tötung des Al-Qaida-Chefs als Erfolg gewertet, ebenso die Angriffe auf Führungspersonal der peruanischen Terrorgruppe «Leuchtender Pfad». Wichtiger waren zu dem Zeitpunkt bereits Gezielte Töungen mit unbemannten, bewaffneten Drohnen, den sogenannten UAV. Zwischen 2009 und 2015 wurden offiziell 473 UAV-Angriffe auf tatsächliche oder vermeintliche Terroristen geflogen.[99] Dabei starben 2581 Personen, unter anderem die «Nummer Drei» der Al-Qaida, Khalid Habib, und der Operationschef, Said al-Masri. Mindestens 116 Getötete, wahrscheinlich aber wesentlich mehr, waren unbeteiligte Zivilisten. Gegenwärtig sind der Irak, Jemen, Pakistan, Afghanistan, Libyen, Somalia und Syrien die Schwerpunkte.

UAV-Operationen werden bis heute in militärische, von der Air Force verantwortete, und geheimdienstliche Einsätze, für die die CIA zuständig ist, unterschieden. Langleys Drohnen-Operationen gelten, anders als die des Pentagon, grundsätzlich als Covert Activities, die weder bestätigt, dementiert, noch kommentiert werden. Die verwendeten Drohnen sind allerdings dieselben: US-Armee wie CIA nutzen die mit Raketen und MG bewaffnete General Atomics MQ-1 Predator und ihren Nachfolger, die MQ-9 Reaper. Die Agency richtete dafür in Langley die satellitengestützte «Ground Control Station» (GCS) ein, für die heute die im National Clandestine Service (NCS) untergebrachte Special Operations Group (SAG) innerhalb der Special Activities Division (SAD) verantwortlich ist.

Die SAD ist darüber hinaus auch für die Kriegsführung der CIA im Internet zuständig, für die 1993 das Information Warfare Center gemeinsam mit dem Pentagon, dem FBI sowie der NSA gegründet wurde. Es wurde Vorläufer des 2010 entstandenen Cyber Command (CYBERCOM) im Strategischen Kommando der USA (STRATCOM) unter Führung der NSA. Seit 2015 treibt die CIA zudem den Ausbau eines Counterterrorism Center im NCS voran. «Mission Centers» zur digitalen Überwachung des Nahen und Mittleren Ostens und Afrikas sowie eine CIA-Direktion für Digital Innovation entstehen dafür neu. Zu ihren Aufgaben gehört auch das Verwischen von digitalen Spuren, die CIA-Agenten bei ihren Einsätzen hinterlassen. Ein Open Source Center zur Überwachung der Sozialen Medien und Messenger-Dienste gehört ebenfalls zur Neustrukturierung. Hinter diesem umfassenden Umbau steht die Auffassung, dass Attacken aus dem Internet nur eine andere Form des militärischen Angriffs sind, wie der damalige CIA-Chef, Leon Panetta, schon 2010 klarstellte.[100]

10. Bilanz

Seit ihrer Gründung 1947 wurde die CIA als eine Avantgarde der US-Außenpolitik eingesetzt. Lange bevor sich Washington offiziell zu einem Interessensgebiet bekannte, war häufig die Agency dort aktiv. Ihr Status und das damit verbundene Bewusstsein als Vorreiter der USA und «des Westens» erklärt bereits vieles in ihrem Auftreten, aber längst nicht alles.

Im Rückblick auf sieben Jahrzehnte CIA-Geschichte fallen Skandale und Fehlschläge naturgemäß mehr auf als Erfolge. Das hat wie bei allen Geheimdiensten eine Ursache darin, dass publik gewordene Niederlagen mehr Aufmerksamkeit erregen. Die meisten Operationen sind bis heute unbekannt. Ob sie erfolgreich waren oder nicht, bleibt ebenso offen wie die verwendeten Methoden oder etwaige Kollateralschäden. Damit ist es nicht mehr möglich, eine seriöse quantitative Bilanz der CIA-Geschichte zu erstellen, wohl aber eine qualitativ-performative.

Die CIA genoss von Anfang an weitgehende Freiheit, und dies ist bis auf wenige Jahre bis heute so geblieben. Der quasioffizielle Beginn des Kalten Krieges 1947 brachte ihr einen universal-offensiven Auftrag. Die Ausführung wurde zumindest in den ersten Jahrzehnten kaum überprüft. Die Agency sollte eine flexible Waffe der US-Außenpolitik in diesem Krieg neuer Art sein, den man mit (fast) allen Mitteln gewinnen wollte. Das bestimmte die Mentalität in der Behörde, wie viele Insider bestätigt haben. Es konnte deshalb kaum überraschen, was in den Untersuchungsausschüssen der 1970er Jahre an die Öffentlichkeit kam: Die CIA wandte legale, aber auch etliche illegale Mittel an, um dieses Ziel zu erreichen.

Innerhalb der Agency blieb der Typus des «Cold Warrior» bis zum Ende des Kalten Krieges prägend, trotz aller Entspannungsphasen. Eben deshalb stürzte die CIA am Ende des Kalten Krieges 1991 in ihre tiefste Legitimationskrise. Sie löste sich erst, als die Gefährdung durch den islamistischen Terrorismus ab 1996/97 allmählich in den Mittelpunkt der US-Politik rückte. Was die CIA seit 1992 der Öffentlichkeit zu vermitteln suchte, wurde danach Wirklichkeit, als 2006 der siegreich beendete Kalte Krieg zum Vorbild für zukünftige «Lange Kriege» der USA erklärt wurde. Da er aus CIA-Perspektive vor allem durch Verdeckte Operationen gewonnen worden war, die bereits im italienischen Wahlkampf 1947/48 erfolgreich waren, rückten sie auch im «Krieg gegen den Terror» in den Mittelpunkt.

Jenseits solcher Selbsteinschätzungen blieb unübersehbar, dass die Agency im und nach dem Kalten Krieg immer wieder von Entwicklungen und Ereignissen überrascht worden war, nicht zuletzt vom «9/11». Einer der wichtigsten Gründe dafür fand sich in der institutionellen Überheblichkeit, gepaart mit Lagerdenken, Gruppendynamik und nicht zuletzt der mangelnden Kompetenz der CIA für viele Einsatzgebiete. Das zeigte bereits der Koreakrieg und verstärkte sich seit den Sechzigerjahren, als der Arbeitsschwerpunkt deutlich in die Entwicklungsländer rückte.

Es war daher keine Überraschung, dass nach den Angriffen des «9/11» dieselbe «Pearl Harbor»-Debatte begann, die in den USA bereits 1941 und 1950 geführt worden war. Im Jahr 2010 wurde zum ersten Mal in der CIA-Geschichte die offizielle Vorstellung des neuen CIA-Chefs, John Brennan, durch Demonstranten fast gesprengt. Massiv steigerte sich die Kritik nach dem vom US-Senat 2014 veröffentlichten sogenannten Folterbericht, wenngleich es auch Zustimmung gab. In der Bilanz war die Einführung systematischer Folter allerdings vor allem das Eingeständnis der CIA, dass sie mit ihren traditionellen Geheimdienstdisziplinen im Krieg gegen den Terror gescheitert war. Durch moderne Verschlüsselungen für Außenstehende unzugängliche Programme (wie WhatsApp) sind heute selbst für die CIA nicht kontrollierbar.

So bleibt die Frage, warum die Agency trotz gravierender Fehlleistungen weiterhin mit neuen Vollmachten ausgestattet wurde. Die Antwort ist unbequem, weil sie deutlich macht, dass politische Unredlichkeit eine zentrale Rolle spielt, wenn es um die Bewertung der CIA geht. Die schlichte Wahrheit lautete: Die Agency war und ist jeweils so mächtig, wie es die jeweilige Regierung und die politische Klasse in Washington zulässt – unabhängig davon, wie stark die Kritik außerhalb der USA ist.

Die ernsthaften Versuche in den wenigen Regierungsjahren Jimmy Carters, die Macht Langleys zu begrenzen, scheiterten bereits mit der Präsidentschaft Reagans 1981, der eine ungebremste CIA wieder als unverzichtbare Waffe im Kalten Krieg verstand. Auch seine Nachfolger dehnten die Privilegien weiter aus, wobei ironischerweise die erneute geheimdienstliche Niederlage der CIA am 11. September 2001 den ultimativen Freibrief bedeutete. Seit den 2010 erschienenen Erinnerungen von George W. Bush weiß die Öffentlichkeit aus erster Hand, dass sogar der US-Präsident der CIA persönlich die brutalsten Folterpraktiken genehmigte.[101]

Aber die Kompetenzerweiterung konnte nur stattfinden, weil alle amerikanischen Regierungen seit 1947 das tief verwurzelte und mit jeder Krise wachsende Sicherheitsbedürfnis der US-Bevölkerung zur Grundlage ihrer Entscheidungen machten. Hier ist auch der entscheidende Grund zu finden, warum Langley nach dem Schock der Anschläge von 2001 das grundsätzliche Recht eingeräumt wurde, jedes Gesetz zu brechen, wie 2005 der über Jahre für die «Renditions», die teils illegalen «Überstellungen» zum Verhör, verantwortliche CIA-Mitarbeiter Michael Scheuer einräumte.[102] Tatsächlich ist die gegenwärtige Erlaubnis, unbegrenzt und mit allen Mitteln Informationen außerhalb *und* innerhalb der USA zu sammeln, sogar in der von vielen Freiheiten bestimmten CIA-Geschichte ohne Beispiel.

Qualitativ hat die Agency in ihrer Geschichte vielfach versagt, performativ aber auf ganzer Linie gesiegt. Ironischerweise bedient die CIA trotz aller ihrer Fehler in letzter Konsequenz die Hoffnung der US-Politik wie der amerikanischen Öffentlichkeit, «wirklich alles» zu tun, um in mehr Sicherheit zu leben. Genau hier liegt trotz vieler Niederlagen und trotz aller Kritik das entscheidende Motiv für das Weiterleben des «Mythos CIA».

Zeittafel

1945, 20.09.	Mit der Unterzeichnung der EO 9621 durch Truman wird der OSS zum 1. Oktober aufgelöst.
1947, 12.03.	«Truman-Doktrin»
18.09.	Inkrafttreten des «National Security Act»; offizielles Gründungsdatum der CIA und des NSC
22./30.09.	«Zwei-Lager-Rede» (Schdanow-Rede)
14.11.	NSC 1/1, das erste NSC-Strategiepapier, diskutiert Möglichkeiten, den Kommunismus in Italien zurückzudrängen. Darauf aufbauend und erläuternd: NSC 4/A (Dez.)
1948, 18.06.	10/2 ermächtigt die CIA zu «Verdeckten Operationen». (Vorgänger NSC 4/A v. 14.12.1947 genehmigt «Psychologische Kriegsführung»)
24.06.1948–04.05.1949	Erste Berlin-Krise
1948, 18.08.	NSC 20 autorisiert u. a. die CIA, Guerillaoperationen im sowjetischen Machtbereich durchzuführen, «um es der sowjetischen Führung schwerer zu machen, die Herrschaft zu behalten».
1949, 20.06.	«CIA Act of 1949»: Genehmigung, die Verwendung finanzieller Mittel und damit ihre gesamten Aktivitäten geheim zu halten.
29.08.	Zündung der ersten sowjetischen Atombombe
1949–1953	Erste geheime Umsturzversuche der CIA in Albanien und Jugoslawien
1950, 14.04.	Truman wird NSC 68 vorgelegt (unterschrieben: 30.9.1950).
25.06.1950–27.07.1953	Koreakrieg
1952	Beginn MKULTRA (mit Nachfolgeprogrammen bis 1973)
1953, 17.06.	Aufstand in der DDR wird von sowjetischen Truppen niedergeschlagen.
10.06.	NSC 153 fordert die verstärkte Förderung von Unruhen in den Satellitenstaaten.
15.–19.08.	CIA-Putsch im Iran
1954, 20.01.	Start der Operation GOLD («Berliner Tunnel»); aufgedeckt: 21./22.4.1956
26.04.–20.07.	Genfer Indochinakonferenz gibt den Startschuss für verstärkte CIA-Geheimoperationen in Südostasien unter Edward Lansdale.
15.03.	Eisenhower genehmigt NSC 5412.
18.–27.06.	CIA-Putsch in Guatemala

1956, 25.02.	Geheimrede Chruschtschows auf dem XX. Parteitag der KPdSU
28.–30.06.	Posener Aufstand
23.10.–11.11.	Aufstand in Ungarn (seit 29.10. parallel zur Suez-Krise)
1959, 03.11.	Grundsteinlegung für das Hauptquartier Langley, VA (bezogen ab 1961)
1960, 01.05.	U-2-Zwischenfall: Gary Powers wird über der UdSSR abgeschossen.
1961, 15.04.	CIA-Invasion Kubas scheitert
1962, 14.–28.10.	Raketenkrise um Kuba
1965, 08.03.	US-Truppen landen in Da Nang: Offizieller Beginn des Vietnamkriegs
1967/68–1973	Operation PHOENIX
1970	Operation FUBELT
	US-Senat wird durch Christopher Pyle über illegale Operationen der CIA informiert.
1973, 16.05.	Zusammenstellung der «Family Jewels» durch die CIA
1974, 22.12.	Artikel Seymore Hershs in der *New York Times* zu illegalen CIA-Operationen
1975, 04.01.	Mit der EO 11 828 setzt Präsident Ford die «Commission on CIA Activities within the United States» ein.
01.08.	Unterzeichnung der KSZE-Schlussakte von Helsinki
1976, 18.02.	Fords EO 11 905 schränkt zahlreiche Befugnisse der CIA ein und verbietet speziell Attentate.
26.04.	Abschlussbericht des «Church Committee» zu fragwürdigen und illegalen Tätigkeiten der CIA
1977, 20.01.	Antrittsrede Carters: Die Menschenrechtsfrage eröffnet der CIA ganz neue Möglichkeiten.
1978, 24.01.	Carters EO 12 036 unterstreicht das Verbot von Attentaten und erweitert Beschränkungen und Kontrollen der CIA.
1979, Juni	Carter genehmigt die Operation CYCLONE.
04.11.	Beginn der Geiselkrise im Iran (444 Tage)
25.12.	Sowjetischer Einmarsch in Afghanistan
1980, 03.06.	Das Intelligence Oversight-Gesetz passiert den US-Senat.
1981, 21.07.	Intelligence Reform Act
04.12.	Reagans EO 12 333 entschärft vorangegangene Beschränkungen und erweitert die CIA-Befugnisse wieder; Gründung der Intelligence Community (IC) und Ausdehnung der CIA-Befugnisse auf das Inland
1982, 23.06.	Reagan unterzeichnet das Intelligence Identities Protection-Gesetz, das die Enttarnung von CIA-Agenten unter Strafe stellt.
1984, 15.10.	CIA Information Act
20.08.1985–04.03.1987	Iran-Contra-Affäre
1986, 14.06.	Reagan-Doktrin
1991, 31.12.	Auflösung der Sowjetunion
1994, 02.03.	Die Presidential Decision Directive 35 (PDD-35) Clintons fordert eine grundsätzliche Reorganisation der Geheimdienste.

1995, 17.04.	Präsident Clinton unterzeichnet die EO 12958, die die Freigabe von Akten von «bleibendem historischen Wert» erzwingt. Sie wird Ausgangspunkt der 2000 eröffneten CREST-Datenbank.
2001, 11.9.	Islamistische Anschläge in den USA
25.10.	Patriot Act: neue Erweiterungen der CIA-Befugnisse
2004, 07.12.	Intelligence Reform and Terrorism Prevention Act
2005, 30.12.	Detainee Treatment Act (DTA)
2013, 26.12.	National Defense Authorization Act (NDAA)
2015, 07.01./ 13.11.	Islamistische Anschläge in Paris
2016, 22.3.–05.10.	Islamistische Anschlagsserie in Europa: u. a. Brüssel, Nizza, Würzburg, Ansbach, bei Rouen, Charleroi

Abkürzungen

BDJ	Bund Deutscher Jugend
BKA	Bundeskriminalamt
BND	Bundesnachrichtendienst
BOB	Berlin Operation Base
CBS	Columbia Broadcasting System
CCF	Congress for Cultural Freedom
CIC	Counterintelligence Corps (U. S. Army)
CIG	Central Intelligence Group
CREST	CIA Records Search Tool
CYBERCOM	United States Cyber Command
DCI	Director of Central Intelligence
D/CIA	Director of the Central Intelligence Agency
DHS	Department of Homeland Security
DIA	Defense Intelligence Agency
DINA	Dirección Nacional de Inteligencia
DNI	Director/Directorate of Intelligence
DOD	Domestic Operations Division
DS&T	Directorate Science und Technology
EIT	Enhanced Interrogation Techniques
EO	Executive Order
FBI	Federal Bureau of Investigation
FNL	Front National de Libération du Sud-Viêt Nam
FNLA	Frente Nacional de Libertação de Angola
HUMINT	Human Intelligence
HVA	Hauptverwaltung Aufklärung (MfS)
IC	Intelligence Community (seit 1981)
IMINT	Imagery Intelligence

INF	Intermediate Range Nuclear Forces
IS	Islamischer Staat
ISI	Inter-Services Intelligence
JCS	Joint Chiefs of Staff
KGB	Komitet Gossudarstwennoi Besopasnosti
KgU	Kampfgruppe gegen Unmenschlichkeit
KSZE	Konferenz über Sicherheit und Zusammenarbeit in Europa
MASINT	Measurement and Signature Intelligence
MfS	Ministerium für Staatssicherheit
MI6	Military Intelligence, Section 6 (d. i. SIS)
MIP	Military Intelligence Program
MNC	Mouvement National Congolais
MPLA	Movimento Popular de Libertação de Angola
NATO	North Atlantic Treaty Organization
NCFE	National Committee for a Free Europe
NCS	National Clandestine Service
NIP	National Intelligence Program
NSC	National Security Council
NRO	National Reconnaissance Office
NSA	National Security Agency
NTS	Narodno-Trudowoj Sojus (rossijskich solidaristow)
OCB	Operations Coordinating Board
OPC	Office of Policy Coordination
OSINT	Open Source Intelligence
OSO	Office of Special Operations
OSS	Office of Strategic Services
OUN	Organisation Ukrainischer Nationalisten
PSB	Psychological Strategy Board
RFE	Radio Free Europe
RG	Record Group
RIAS	Radio im Amerikanischen Sektor
RL	Radio Liberation (später: Radio Liberty)
SAD	Special Activities Division
SAVAK	Saseman Amniat va Etelaot Keschwar
SD	Sicherheitsdienst (der SS)
SHAPE	Supreme Headquarters Allied Powers Europe
SIGINT	Signal Intelligence
SIS	Secret Intelligence Service (d. i. MI6)
SPG	Special Procedures Group
SWR	Sluschba Wneschnej Raswedki
TECHINT	Technical Intelligence
TSS	Technical Services Staff
UAV	Unmanned Aerial Vehicle
UNITA	Unino para la Independencia Total de Angola
UN(O)	United Nations (Organization)
UPA	Ukrajinska Powstanska Armija
USFET	U. S. Forces, European Theater
VFC	Volunteer Freedom Corps

Anmerkungen

1 Richelson, J. T., The United States Intelligence Community, Boulder [7]2016, S. 13 u. 20. (Andere im Folgenden zitierte Auflagen: Cambridge [1]1985; Boulder [4]1999.)
2 Truman, H. S., Memoirs of Harry S. Truman, Vol. I: Years of Decision, New York 1955, S. 99.
3 Smith, W. Th., Encyclopedia of the Central Intelligence Agency, New York 2003, S. 121.
4 Ebd., S. 87.
5 *Washington Post*, 29.8.2013.
6 *Der Spiegel*, 16.6.1975; Richelson, J. T., The United States Intelligence Community, Boulder [4]1999, S. 18.
7 Corson, W. R., The Armies of Ignorance. The Rise of the American Intelligence Empire, New York 1977, S. 358.
8 Stöver, B., Der Kalte Krieg. Geschichte eines radikalen Zeitalters 1947–1991, München 2007, S. 168.
9 Chambers, J. W. (Ed.), The Oxford Guide to American Military History, Oxford 1999, S. 109. Folgende Zahlenangaben nach Richelson [7]2016 (s. Anm. 1), S. 19 f., und *Washington Post*, 29.8.2013.
10 www.cia.gov
11 Simpson, Chr., Der amerikanische Bumerang. NS-Kriegsverbrecher im Sold der USA, Wien 1988, S. 243.
12 Nešković, W. (Hrsg.), Der CIA Folterreport, Der offizielle Bericht des US-Senats zum Internierungs- und Verhörprogramm der CIA, Frankfurt a. M. 2015, S. 85.
13 Breitman, R. (Ed.), U. S. Intelligence and the Nazis, Cambridge 2005, S. 377. Alle US-Dienste: ca. 1000 NS-Täter, Vgl. *Süddeutsche Zeitung*, 27.10.2014.
14 Stöver, B., Die Befreiung vom Kommunismus. Amerikanische Liberation Policy 1947–1991, Köln 2002, S. 496.
15 Smith 2003 (s. Anm. 3), S. 142.
16 Trahair, C. S., Encyclopedia of Cold War Espionage, Spies, and Secret Operations, New York 2009, S. 284 f.
17 Heitzer, E., Die Kampfgruppe gegen Unmenschlichkeit (KgU). Widerstand und Spionage im Kalten Krieg 1948–1959, Köln 2015, S. 473, 421.
18 Stöver 2002 (s. Anm. 14), S. 510.
19 Prados, J., Presidents' Secret Wars, CIA and Pentagon Covert Operations since World War II, New York 1986, S. 46.
20 Heuser, B., Subversive Operationen im Dienste der «Roll-back»-Politik 1948–1953, in: *Vierteljahrshefte für Zeitgeschichte* 37 (1989), S. 289.
21 Rositzke, H., The CIA's Secret Operations, Espionage, Counterespionage, and Covert Action, New York 1977, S. 335 f.
22 Stöver 2002 (s. Anm. 14), S. 504. Folgende Wiedergabe ebd.

23 Kleßmann, Chr. u.a. (Hrsg.), 1953 – Krisenjahr des Kalten Krieges in Europa, Köln 1999, S. 200.
24 Stöver 2007 (s. Anm. 8), S. 122.
25 Kleßmann 1999 (s. Anm. 23), S. 201.
26 Arnold, K. u.a. (Hrsg.), Zwischen Pop und Propaganda. Radio in der DDR, Berlin 2004, S. 211.
27 Daugherty, W. E., A Psychological Warfare Casebook, Baltimore 1958, S. 147, 149.
28 Bahr, E., Zu meiner Zeit. München 1996, S. 80.
29 Stöver 2002 (s. Anm. 14), S. 201 f. Folgende Wiedergabe ebd., S. 488.
30 Ebd., S. 794.
31 Ebd., S. 785.
32 Lendvai, One Day That Shook the Communist World. The 1956 Hungarian Uprising and Its Legacy, Princeton 2008, S. 151.
33 *Playboy*, July 1978, S. 216.
34 Rusk, D., As I saw It. A Secretary of State's Memoirs, London 1990, S. 139.
35 Stöver, B., Geschichte des Koreakriegs. Schlachtfeld der Supermächte und ungelöster Konflikt, München [3]2015, S. 88.
36 Frey, M., Geschichte des Vietnamkriegs. Die Tragödie in Asien und das Ende des amerikanischen Traums, München [9]2010, S. 28.
37 Allen, J., Vietnam. The (Last) War the U.S. Lost, Chicago 2008, S. 164.
38 Levene, M. u.a., The Massacre in History, New York 1999, S. 248.
39 Stöver 2007 (s. Anm. 8), S. 359.
40 Ebd., S. 322.
41 FitzSimmons, L., The Kennedy Doctrine, New York, S. 26 f.
42 Smith 2003 (s. Anm. 3), S. 33.
43 *Spiegel Online*, 28.7.2008.
44 Smith 2003 (s. Anm. 3), S. 250.
45 Ebd., S. 54.
46 Ebd.
47 Report of the Chilean National Commission on Truth and Reconciliation («Rettig Report»), S. 1122 (www.usip.org).
48 Smith 2003 (s. Anm. 8), S. 165, 100.
49 Ebd., S. 56. Folgendes Zitat ebd., S. 195.
50 Stöver 2007 (s. Anm. 8), S. 405.
51 Taylor, E., Political Warfare: A Sword We Must Unsheathe, in: *The Reporter*, 14.9.1961, S. 27–31; hier: S. 29.
52 Ali, S.M., US–China Cold War Collaboration 1971–1989, London 2005, S. 167.
53 Stöver 2007 (s. Anm. 8), S. 414.
54 Schild, G., 1983. Das gefährlichste Jahr des Kalten Krieges, Paderborn 2013, S. 187.
55 Ali 2005 (s. Anm. 52), S. 180. Folgende Zahlenangaben ebd.
56 Smith 2003 (s. Anm. 3), S. 92.
57 Czempiel, E.-O. (Hrsg.), Weltpolitik der USA nach 1945. Einführung und Dokumente, Bonn 1989, S. 438.
58 Heise-Online 2013/KW 49.
59 Czempiel 1989 (s. Anm. 57), S. 440.

60 McFaul, M., Rethinking the «Reagan Doctrine» in Angola, in: *International Security*, Vol. 14 (1989/90), H. 3, S. 99–135; hier: S. 107.
61 Stöver, B., Geschichte Kambodschas. Von Angkor bis zur Gegenwart, München 2015, S. 193.
62 Andrew, Chr., For the President's Eyes Only. Secret Intelligence and the American Presidency from Washington to Bush, New York 1995, S. 465.
63 Final Report of the Independent Counsel for Iran/Contra Matters, Washington D. C. 1993, o.S.
64 McCoy, A. W., The Politics of Heroin. CIA Complicity in the Global Drug Trade. Afghanistan, Southeast Asia, Central America, Colombia, New York [2]2003, S. 493 ff..
65 Stöver 2007 (s. Anm. 8), S. 442.
66 Ebd., S. 440.
67 Gates, R. M., From the Shadows. The Ultimate Insider's Story of Five Presidents and How They Won the Cold War, New York 1996, S. 449.
68 Stöver 2007 (s. Anm. 8), S. 467. Folgendes Zitat ebd., S. 468.
69 Ebd., S. 475.
70 Müller-Enbergs, H., «Rosenholz». Eine Quellenkritik, Berlin 2007, S. 89.
71 Stöver 2007 (s. Anm. 8), S. 472. Folgende Angabe ebd., S. 473.
72 *The Wall Street Journal,* 8.5.2014.
73 McGranahan, C., Arrested Histories. Tibet, the CIA, and Memories of a Forgotten War, Durham 2010, S. 167.
74 The 9/11 Commission Report. Final Report of the National Commission on Terrorist Attacks Upon the United States, New York 2004, S. 71.
75 Ebd., S. 190.
76 Ebd., S. 314, 316.
77 McCoy, A. W., Foltern und foltern lassen. 50 Jahre Folterforschung und -praxis von CIA und US-Militär, Frankfurt a. M. [2]2006, S. 137.
78 *Der Spiegel*, 27.4.2009, S. 106.
79 *Spiegel Online*, 19.9.2012.
80 *Die Zeit*, 31.1.2007.
81 9/11 Commission Report 2004 (s. Anm. 74), S. 126. Folgende Wiedergabe ebd., S. 143.
82 Ebd., S. 338.
83 Suskind, R., The One Percent Doctrine. Deep Inside America's Pursuit of Its Enemies Since 9/11, New York 2007, S. 65.
84 Richelson [7]2016 (s. Anm. 1), S. 325.
85 Nešković, Folterreport 2015 (s. Anm. 12), S. 41, 46, 49.
86 Alle Zahlenangaben nach: *Cicero*, 16.11.2015; *Die Zeit*, 28.3.2016.
87 CNN, 12.12.2014.
88 *The Guardian*, 11.4.2016.
89 McCoy [2]2006 (s. Am. 77), S. 99.
90 *Spiegel Online*, 29.11.2015.
91 Stöver 2007 (s. Anm. 8), S. 279.
92 www.carlbernstein.com/magazine_cia_and_media.php
93 *Der Spiegel*, 24.4.2014.
94 Nešković, Folterreport 2015 (s. Anm. 12), S. 48.
95 *Der Spiegel*, 19.11.1990, S. 21. Folgende Angaben ebd.
96 Colby, W., Honorable Men, My Life in the CIA, New York 1978, S. 82.

97 Ebd., S. 134 f.
98 Allen 2008 (s. Anm. 37), S. 264.
99 *Handelsblatt,* 7.8.2016. Folgende Angabe ebd. Das im Aug. 2016 veröffentlichte «Top Secret»-Handbuch zum Drohneneinsatz unter: www.aclu.org.
100 golem.de, 27.4.2010.
101 Bush, H. W., Decision Points, New York 2010, S. 169.
102 *Die Zeit*, 29.12.2005.

Literaturhinweise

Mythos CIA: Überblicksdarstellungen

Andrew, Chr., For the President's Eyes Only. Secret Intelligence and the American Presidency from Washington to Bush, 1995; Chambers, J. W. (Ed.), The Oxford Guide to American Military History, 1999; Immerman R. H., The Hidden Hand. A Brief History of the CIA, 2014; Krieger, W., Geschichte der Geheimdienste. Von den Pharaonen bis zur CIA, 32014; Leary, W. M., The Central Intelligence Agency. History and Documents, 2014; Richelson, J. T., The United States Intelligence Community, 1985 ff. (72016); Roewer, H. (Hrsg.), Lexikon der Geheimdienste im 20. Jahrhundert, 2003; Smith, W. Th., Encyclopedia of the Central Intelligence Agency, 2003; Trahair, C. S., Encyclopedia of Cold War Espionage, Spies, and Secret Operations, 2009; Weiner, T., Legacy of Ashes. The History of the CIA, 2007

Kapitel 1: Gründung 1947

Hersh, B., The Old Boys, The American Elite and the Origins of the CIA, 1992; Rudgers, D. F., Creating the Secret State. The Origins of the Central Intelligence Agency, 1943–1947, 2000; Smith, R. H., OSS. The Secret History of America's First Central Intelligence Agency, 1981; Stöver, B., Der Kalte Krieg. Geschichte eines radikalen Zeitalters, 32017; Stöver, B., Die Befreiung vom Kommunismus. Amerikanische Liberation Policy 1947–1991, 2002; Troy, Th. F., Donovan and the CIA, A History of the Establishment of the Central Intelligence Agency, 1981; Truman, H. S., Memoirs of Harry S. Truman, Vol. I: Years of Decision, 1955

Kapitel 2: «Langley» als Institution

Agee, Ph., CIA Intern, 1993; Breitman, R. (Ed.), U. S. Intelligence and the Nazis, 2005; Daugherty, W. J., Executive Secrets: Covert Action and the Presidency, 2004; Kirkpatrick, L. B., The Real CIA, 21968; Lichtblau, E., The Nazis Next Door, 2014; Marchetti, V. u. a., CIA, 1976; Renelagh, J., The Agency, 1986; Richelson, J. T., The Wizards of Langley. Inside The CIA's Directorate of Science and Technology, 2001; Richelson, J. T., U. S. Espionage and Intelligence. Organization, Operations, and Management, 1947–1996; 1997; Shorrock, T., Spies for Hire, 22009; Snider, L. B., The Agency and the Hill. CIA's Relationship with Congress, 1946–2004, 2008; Storm, M., Agent Storm. Mein Doppelleben bei Al-Qaida und der CIA, 2015; Tully, A., CIA: The Inside Story, 1962

Kapitel 3: Schwerpunkt Europa 1947–1953/56

Bailey, G. u. a., Die unsichtbare Front. Der Krieg der Geheimdienste im geteilten Berlin, 1997; Bethell, N., The Great Betrayal, The Untold Story of Kim Philby's Biggest Coup, 1984; Grose, P., Gentleman Spy. The Life of Allen Dulles, 1994; Heitzer, E., Die Kampfgruppe gegen Unmenschlichkeit (KgU), 2015; Mangold, T., Cold Warrior. James Jesus Angleton: The CIA's Master Spy Hunter, 1991; Prados, J., Presidents' Secret Wars, CIA and Pentagon Covert Operations since World War II, 1986; Neuberger, G. u. a., CIA in Westeuropa, 1982

Kapitel 4: Schwerpunkt Dritte Welt 1953–1973

Abrahamian, E., The Coup. 1953, the CIA, and the Roots of Modern U. S.-Iranian Relations, 2013; Allen, J., Vietnam. The (Last) War the U. S. Lost, 2008; Bohning, D., The Castro Obsession. U. S. Covert Operations against Cuba, 1959–1965, 2005; Conboy, K. J., The War in Laos, 1994; Dommen, A. J., The Indochinese Experience of the French and the Americans, 2001; Greiner, B., Die Kuba-Krise, 2010; Greiner, B., Krieg ohne Fronten. Die USA in Vietnam, 2009; Kahin, A. R., Subversion as Foreign Policy. The Secret Eisenhower and Dulles Debacle in Indonesia, 1997; Kinzer, St., Im Dienste des Schah. CIA, MI6 und die Wurzeln des Terrors im Nahen Osten, 2009; McCoy, A. W., The Politics of Heroin. CIA Complicity in the Global Drug Trade, ²2003; McSherry, J. P., Predatory States: Operation Condor and Covert War in Latin America, 2005; Menjivar, C., Nestor Rodriguez, When States Kill. Latin America, the U. S., and Technologies of Terror, 2005; Nashel, J., Edward Lansdale's Cold War, 2005; Rositzke, H., The CIA's Secret Operations, Espionage, Counterespionage, and Covert Action, 1977; Shultz, R. H., The Secret War against Hanoi, 2000; Stöver, B., Geschichte des Koreakriegs, ³2015; Wright, G., The Destruction of a Nation. United States Policy Toward Angola since 1945, 1997

Kapitel 5: In der Defensive 1974–1980

Ali, S. M., US-China Cold War Collaboration 1971–1989, 2005; Amstutz, B., The First Five Years of Soviet Occupation, 1986; Cline, R. S., Secrets, Spies and Scholars, 1976; Colby, W., Honorable Men, 1978; Corson, W. R., The Armies of Ignorance. The Rise of the American Intelligence Empire, 1977; Czempiel, E.-O. (Hrsg.), Weltpolitik der USA nach 1945, 1989; Final Report of the Select Committee to Study Governmental Operations with Respect to Intelligence Activities, 1976; Powers, Th., The Man Who Kept the Secrets, Richard Helms and the CIA, 1979

Kapitel 6: Wieder in der Offensive 1981–1990

Final Report of the Independent Counsel for Iran/Contra Matters, 1993; Gates, R. M., From the Shadows, 1996; McFaul, M., Rethinking the «Reagan Doctrine» in Angola, in: International Security, Vol. 14 (1989/90), H. 3, S. 99–135; Napoleoni, L., Die Ökonomie des Terrors, 2004; Stöver, B., Geschichte Kambodschas, 2015; Woodward, B., Geheimcode Veil. Reagan und die geheimen Kriege der CIA, 1987

Kapitel 7: Nach dem Kalten Krieg 1992–2000

Bearden, M. u. a., Der Hauptfeind. CIA und KGB in den letzten Tagen des Kalten Krieges, 2003; Coll, St., Ghost Wars: The Secret History of the CIA, 2001; McGranahan, C., Arrested Histories. Tibet, the CIA, and Memories of a Forgotten War, 2010; Müller-Enbergs, H., «Rosenholz». Eine Quellenkritik, 2007

Kapitel 8: Freibrief 9/11 seit 2001

Günther, Chr., Ein zweiter Staat im Zweistromland? Genese und Ideologie des «Islamischen Staates Irak», 2014; McCoy, A. W., Foltern und foltern lassen. 50 Jahre Folterforschung und -praxis von CIA und US-Militär, ²2006; Napoleoni, L., Die Rückkehr des Kalifats. Der Islamische Staat und die Neuordnung des Nahen Ostens, 2015; Nešković, W. (Hrsg.), Der CIA Folterreport, 2015; The 9/11 Commission Report, 2004

Kapitel 9: «Dirty Tricks» und anderes: Eine Auswahl

Adams, J., Secret Armies, 1987; Boyd-Barrett, O., Hollywood and the CIA, 2011; Collins, A., In the Sleep Room. The Story of the CIA Brainwashing Experiments in Canada, 1988; Darlington, D., Area 51, 1998; DeForest, O., Slow Burn. The Rise And Fall Of American Intelligence In Vietnam, 1991; Ganser, D., NATO-Geheimarmeen in Europa, 2008; Igel, R., Terrorjahre: Die dunkle Seite der CIA in Italien, 2006; Jacobsen, A., Area 51, 2011; Jenkins, T., The CIA in Hollywood, 2012; Koch, E., Deckname Artischocke, 2004; Lee, M. A., Acid Dreams. The Complete Social History of LSD. The CIA, The Sixties, and beyond, 1992; Melton, H. K., Das einzig wahre Handbuch für Agenten. Tricks und Täuschungsmanöver aus den Geheimarchiven der CIA, 2011; Moyar, M., Phoenix and the Birds of Prey. The CIA's Secret Campaign to Destroy the Viet Cong, 1998; Patton, Ph., Dreamland. Travels Inside the Secret World of Roswell and Area 51, 1998; Ranelagh, J., The Agency. The Rise and Decline of the CIA, 1987; Rich, B. R., Skunk Works. A Personal Memoir of my Years at Lockheed, 1994; Saunders, F. St., Wer die Zeche zahlt ... Die CIA und die Kultur im Kalten Krieg, 1999; Schmidt-Eenboom, E., Die Partisanen der Nato. Stay-Behind-Organisationen in Deutschland 1946–1991, 2015; Streatfeild, D., Gehirnwäsche. Die geheime Geschichte der Gedankenkontrolle, 2008; Suskind, R., The One Percent Doctrine, 2007; Webb, G., Dark Alliance. The CIA, the Contras, and the Crack Cocaine Explosion, 1998; Weinstein, H. M., Psychiatry and the CIA. Victims of Mind Control, 1990; Wilford, H., The Mighty Wurlitzer. How the CIA Played America, 2008; Yenne, B., Secret Weapons of the Cold War, 2005

Kapitel 10: Bilanz

Bush, H. W., Decision Points, 2010; Risen, J., State of War. Die geheime Geschichte der CIA und der Bush-Administration, 2006; Stöver, B., United States. Geschichte und Kultur. Von der ersten Kolonie bis zur Gegenwart, ²2013

Archivalien und Internetressourcen

Archive: Unveröffentlichtes Material v. a. in der RG 263 der National Archives, Washington D. C., sowie den Presidential Libraries.

Internetressourcen: *CIA-Website:* www.cia.gov; www.ciaagentedu.org (dort auch *Studies in Intelligence*); *Wikileaks:* wikileaks.org/index.de.html; *National Archives:* www.archives.gov/iwg/declassified-records/rg-263-cia-records; *CREST:* www.foia.cia.gov/collection/crest-25-year-program-archive; *US-Senat:* www.intelligence.senate.gov (u. a. Church-, Pike-, Rockefeller Report); *National Security Archive:* www2.gwu.edu/~nsarchiv; *Federation of American Scientists (FAS):* fas.org/issues/government-secrecy; *MKUltra:* www.theblackvault.com/documentarchive/cia-mkultra-collection/#; *Human Rights Watch:* www.hrw.org/de/topic/terrorism/counterterrorism/cia-activities; *Homeland Security Digital Library:* www.hsdl.org

Personenregister